Protocolo de Internet versión 6 (IPv6)

Versión 3.1

Oscar Antonio Gerometta

EDUBOOKS
www.edubooks.com.ar

Al adquirir este libro, usted ha reconocido el esfuerzo y trabajo del autor y el equipo de correctores, editores, ilustradores y demás personas que han trabajado en esta obra. Con esto hace posible que la tarea de desarrollo de nuevos materiales de estudio continúe.

Cuando un libro se copia o se distribuye de modo no autorizado, quien lo hace se apropia indebidamente del trabajo de otros y limita los recursos que se podrán destinar a continuar la tarea.

Contenidos

Presentación

Este Manual ha sido desarrollado con el objetivo de brindar una visión extensa y detallada del protocolo IPv6, sus protocolos asociados, y su implicancia en diversas implementaciones propias de las redes de datos tales como movilidad, calidad de servicio o seguridad.

En él intento desarrollar de modo claro y sencillo los conceptos teóricos asociados a la vez que propongo ejercicios de configuración que permitan verificar en la práctica los conceptos desarrollados en la teoría.

La información referida al protocolo y las implementaciones sugeridas ha sido actualizada al estado del arte en el momento en que se redactó este manual (febrero de 2016). Dado que se trata de una tecnología nueva y aún en evolución es aconsejable revisar si ha habido novedades en los diferentes temas antes de llevarlos directamente a la operación.

Cada uno de los capítulos (cuando el tema lo amerita) está compuesto de dos secciones principales: el desarrollo teórico y los laboratorios propuestos. Los laboratorios pueden desarrollarse utilizando una maqueta armada con dispositivos físicos o topologías virtuales desarrolladas con dispositivos virtuales como los routers Cisco CSR1000v.

Espero sinceramente que sea una herramienta útil para que adquiera los conocimientos y el vocabulario básico así como las habilidades de configuración básicas de una tecnología que está definiendo la evolución en los próximos años de las modernas redes de transporte de datos basadas en TCP/IP.

> ✎ Las abreviaturas y siglas utilizadas en este manual son de conocimiento común en la industria. Puede encontrar un desarrollo de cada una de ellas en el Glosario de Siglas y Términos de Networking que está publicado en línea en la Librería de EduBooks y es de acceso libre:
> https://es.scribd.com/doc/292165924/Glosario-de-Siglas-y-Terminos-de-Networking-version-1-1

Pre-requisitos

El pleno aprovechamiento del temario desarrollado en este manual supone los conocimientos básicos de operación y gestión de redes TCP/IPv4 equivalentes a los de un CCNA Routing & Switching. También se abordan temas más avanzados, por lo que es recomendable contar con algunos conocimientos en materia de redes inalámbricas, QoS y seguridad. No se suponen conocimientos previos de IPv6.

Dado que se proponen laboratorios diseñados para ser ejecutados sobre Cisco IOS, es también importante contar con habilidades básicas de configuración de dispositivos Cisco.

Introducción a IPv6

> ✎ Las abreviaturas y siglas utilizadas en este manual son de conocimiento común en la industria. Puede encontrar un desarrollo de cada una de ellas en el Glosario de Siglas y Términos de Networking que está publicado en línea en la Librería de EduBooks y es de acceso libre: https://es.scribd.com/doc/292165924/Glosario-de-Siglas-y-Terminos-de-Networking-version-1-0

El crecimiento de Internet así como el desarrollo y la creciente adopción de las tecnologías de red en diferentes ámbitos durante los últimos 20 años han llevado hasta el límite de sus posibilidades el protocolo IPv4 que es la base de la operación actual de Internet y en términos generales de las redes TCP/IP.

En estos últimos 20 años se han elaborado múltiples modificaciones y ajustes de este protocolo con el propósito de adaptarlo a los requerimientos crecientes. NAT, IPsec, DHCP, VLSM son sólo algunas de esas modificaciones. Pero las dimensiones y velocidad de la adopción de las tecnologías y el crecimiento de las redes hacen que aún con estos agregados el protocolo IPv4 sea insuficiente para mantener el ritmo de expansión creciente que se ha visto en los últimos años.

Por estos motivos, y con el objetivo primario de sostener la evolución futura de Internet, la IETF (Internet Engineering Task Force) propició el desarrollo de un nuevo protocolo de direccionamiento, evolución del actual IPv4, que ha recibido el nombre de Internet Protocol versión 6.

¿Por qué es necesario IPv6?

Los límites de IPv4

El actual protocolo de direccionamiento IPv4 reconoce como fecha de aparición el año 1981, fecha en que la IETF lo formaliza a través de la RFC 791. En aquel momento el espacio de direccionamiento generado fue considerado más que suficiente para permitir el despliegue previsto (algo más de 4.000.000.000 de direcciones cuando la población mundial rondaba los 4.500.000.000 de habitantes).

> ✎ "Pensé que era un experimento y que 4.300 millones direcciones serían suficientes"
> Vint Cerf, el "padre de Internet".

Sin embargo, la publicación de los protocolos http y html dieron pie al desarrollo de la Word Wide Web (www) hacia el año 1991, y con esto al inicio de un crecimiento exponencial de la cantidad de hosts conectados a Internet, lo que rápidamente puso en crisis el sistema.

Como respuesta al crecimiento de Internet se hizo necesario reformular algunos de los conceptos fundamentales del protocolo IPv4 dando lugar a la aparición de CIDR (RFC 1519), NAT (RFC 1631), la definición de un espacio de direccionamiento privado (RFC

1918), etc. A pesar de estas modificaciones, ya en el año 2001 se había asignado el 50% del total de las direcciones IP disponibles, llegando al 75% en el año 2005.

En la actualidad el órgano central de asignación de direcciones IP (IANA) ya no tiene direcciones IPv4 disponibles, y sólo algunos organismos regionales tienen aún capacidad para asignar. El área Asia-Pacífico y América Latina han agotado su stock de direcciones IPv4.

En medio de este crecimiento y la crisis subsiguiente, en el año 1995 la IETF publica el RFC 1883 en el que se contienen las primeras especificaciones de IPv6. Y rápidamente, en 1996 se comenzó la puesta en operaciones del primer backbone IPv6 en Internet.

Pero las limitaciones de IPv4 que nos afectan no son solamente las referidas a la cantidad de direcciones disponibles. El desarrollo actual y despliegue futuro de Internet requieren de prestaciones de seguridad, calidad de servicio, movilidad y otras que no están presentes en el diseño original del protocolo. Para dar respuesta a estos requerimientos se hicieron modificaciones: IPsec para brindar seguridad, mobile IP para responder a los requerimientos de movilidad, RSVP para implementar calidad de servicio, etc. Pero en todos los casos son agregados al protocolo original que no siempre operan de modo eficiente y transparente.

Hay 2 elementos básicos del diseño de IPv4 que generan limitaciones:

- El encabezado IPv4 es de longitud variable.
  El encabezado IPv4 incluye un campo opción que no tiene una longitud fija y debe ser rellenado hasta una frontera consistente con los 32 bits dependiendo de la información que contenga. Esto genera una sobrecarga en el proceso de reenvío del tráfico.

- En redes heterogéneas es posible encontrar segmentos que tienen diferente MTU, lo que en IPv4 requiere la posibilidad de implementar fragmentación del paquete. Este procedimiento genera una sobrecarga de procesamiento a la vez que abre la posibilidad de algunas violaciones de seguridad.

Algo sobre la historia de IPv6

Los inconvenientes asociados a la apertura de Internet en IPv4 no son nuevos y desde hace ya tiempo se trabaja en la implementación de IPv6:

- 1981
  Se publica el RFC 791 con las primeras especificaciones de IPv4.

- 1991
  Inicia el despliegue acelerado de Internet a partir de la implementación del servicio http (la así llamada www).

- 1993
  Se publica el RFC 1550 solicitando propuestas para el desarrollo de IPng.

- 1993
  Se publica el RFC 1519 con las especificaciones de CIDR.

- 1994
  Se publica el RFC 1631 que detalla la operación de NAT.

- 1995
  Se publican las primeras especificaciones de IPv6 en el RFC 1883.

- 1996
  Se implementa una red de prueba sobre Internet que recibió la denominación de 6bone.

- 1999
  Se registra la asignación de los primeros prefijos IPv6 a diversos ISPs y se conforma el IPv6 Forum.

- 2000
  Los principales fabricantes ya incluyen IPv6 en sus líneas de productos más importantes.

- 2002
  Cisco hace disponible IPv6 de modo general en Cisco IOS 12.2(1)T.

La idea rectora desde el inicio fue desarrollar e implementar un nuevo protocolo que no sólo expandiera el espacio de direccionamiento disponible sino que también solucionara los desafíos que se plantearon a IPv4 a partir de la apertura global de Internet. Es decir, se buscó siempre un protocolo que permitiera responder a las necesidades futuras de la red.

Entre las propuestas recogidas luego de la publicación del RFC 1550 la IETF optó por la denominada SIPP (Simple Internet Protocol Plus) y desarrollada por un equipo liderado por Steve Deering, en base a la amplitud del espacio de direccionamiento que ofrece.

NAT

La primera respuesta al agotamiento de las direcciones IPv4 fue CIDR. Sin embargo fue inmediatamente evidente que con esto no bastaba para tener el tiempo que permitiera desarrollar e implementar un nuevo protocolo. En este contexto se propone NAT como una solución temporal.

NAT permite desarrollar un modelo en el cual un dispositivo que debe salir hacia Internet puede contar con una dirección IPv4 ruteable al mismo tiempo que en la red interna utiliza una dirección privada. En este contexto es imprescindible que las direcciones privadas o de uso local nunca abandonen la red interna, de modo que esas direcciones privadas puedan repetirse en miles de redes y permanecer ocultas detrás de redes públicas perfectamente ruteables.

Pero NAT es solo una respuesta temporal al problema del agotamiento de direcciones IPv4 ya que la utilización de NAT tiene algunas consecuencias indeseables (RFC 2775 RFC 2993):

- NAT rompe el modelo extremo a extremo que propone IP.
  La idea fundacional de IP es que solamente los dispositivos terminales procesan las direcciones origen y destino de la conexión, pero esto es interrumpido por la traducción realizada por NAT.

- La traducción de direcciones en un dispositivo NAT exige mantener información sobre el estado de cada una de las conexiones que se han "traducido".
  Este requerimiento complica las posibilidades de re-enrutar tráfico en el caso del fallo de un enlace próximo o del mismo dispositivo NAT.

Adicionalmente:

- NAT no permite la implementación de seguridad extremo a extremo ya que no es posible encriptar en el origen la información del encabezado IP porque esto no permitiría la traducción de las direcciones. Además, la modificación del encabezado en algún punto de la ruta impediría la verificación de integridad.

- Hay aplicaciones que no están preparadas para operar con NAT. Esto ocurre particularmente con aplicaciones que utilizan asignación dinámica de puertos con puertos al azar, o que usan direcciones IP embebidas en los comandos de la aplicación, etc.
  En estos casos, si bien es posible aplicar NAT, los dispositivos que realizan NAT deben ser actualizados cada vez que se introduce una nueva aplicación de este tipo.

Por otra parte, la implementación de NAT en entornos corporativos complejos, con servidores accesibles desde la red global y terminales navegando direcciones globales requieren de un diseño cuidadoso y a veces desafiante.

Features y beneficios que introduce IPv6

Algunos beneficios más notables que ofrece IPv6 son los siguientes:

- Un espacio de direccionamiento mucho más amplio, enriquecido por múltiples prestaciones tales como la posibilidad de sumarización, autoconfiguración, multihoming, etc.

- Un encabezado de capa 3 mucho más simple que facilita los procesos de enrutamiento y reduce los requerimientos de procesamiento.

- Prestaciones incorporadas de seguridad y movilidad.

- Una rica variedad de posibilidades para manejar la transición desde IPv4 hacia IPv6.

Un espacio de direccionamiento amplio

Al implementar direcciones de 128 bits de longitud se tiene la posibilidad de brindar direcciones a grandes cantidades de terminales, aun cuando no todas las direcciones son utilizables.

- Con direcciones de 32 bits (IPv4)
  es posible obtener 4.294'967.296 direcciones.

- Con direcciones de 128 bits (IPv6)
  es posible contar con 340'282.366'920.938'463.463'374.607'431.768'211.456 direcciones.

> Si tomamos como base que la población mundial en el año 2015 se estima en 7.376'500.000 habitantes, esto significa que la disponibilidad actual de direcciones IPv4 es aproximadamente 0,58 IPs/habitante y de direcciones IPv6 es de 46.130'599.460'575.900'000.000'000.000 IP/habitante.

Por supuesto que, paralelamente, al aumentar la longitud de las direcciones se incrementa el tamaño de los campos del encabezado IP que contienen esa información (2 direcciones IPv4 requieres 64 bits, 2 direcciones IPv6 necesitan 256 bits).

Esta cantidad de direcciones disponibles permite desplegar la posibilidad de múltiples dispositivos que sean globalmente accesibles sin necesidad de la implementación de NAT para conservar un espacio de direccionamiento muy limitado como el de IPv4. De esta manera IPv6 posibilita que dispositivos de diferente tipo cuenten con direcciones globales únicas sin necesidad de traducción.

Un esquema jerárquico de múltiples niveles

Las direcciones IPv6 están diseñadas a la vez con un esquema jerárquico de múltiples niveles lo que permite una sumarización de rutas más eficiente, generando tablas de enrutamiento más pequeñas.

La asignación típica del espacio de direcciones de unicast globales es el siguiente:

- / 32 - Primeros 32 bits para el ISP.

- /48 o /56 – Los siguientes 16 a 24 bits para la asignación a empresas o grandes redes.

- /64 – Los siguientes 16 a 8 bits para dividir internamente la red corporativa o para asignación directa a redes que no necesitan división interna (p.e. redes hogareñas).

- Los últimos 64 bits se utilizan para la identificación del nodo o host.

De esta manera, en una implementación corporativa típica tenemos:

- Un prefijo /48 que identifica la red corporativa y es su porción de red global.

- La posibilidad de hasta /16 bits para la división interna de la red corporativa, lo que permite generar hasta 65536 "subredes".

- Se reservan 64 bits para el host de modo de posibilitar los procesos de autoconfiguración, no por un requerimiento de cantidad de nodos conectados en cada segmento.

De esta manera, al aprovechar la longitud de la dirección para generar un direccionamiento jerárquico de múltiples niveles, es posible que una empresa o un service provider utilicen un único prefijo para ser representados en Internet. Esto abre la posibilidad de un enrutamiento de Internet más escalable y eficiente.

Autoconfiguración stateless

Una de las innovaciones introducidas en el protocolo es la posibilidad de que los terminales autoconfiguren una dirección de nodo a partir de información básica (prefijo de red y default gateway) suministrada por el mismo router. De esta manera cualquier nodo IPv6 puede tener una dirección completa (de 128 bits) y única. Para evitar la posibilidad de un conflicto de direcciones se incluye un proceso que permite detectar direcciones duplicadas.

Este proceso de autoconfiguración permite la implementación de nodos en modo "plug and play" que pueden operar en la red sin ninguna configuración previa y sin la necesidad de contar con servidores como DHCP. Es sumamente importante para el despliegue de la Internet de Todo.

✎ Los procedimientos de autoconfiguración stateless no dejan registros del direccionamiento utilizado por los terminales.

Autoconfiguración stateful

Hay también la posibilidad de una autoconfiguración stateful que asegura información de configuración adicional a la que suministra el procedimiento stateless: servicio DNS, servicio NTP, servicio SIP, etc.

En este caso los hosts reciben la configuración IP básica a través del procedimiento de autoconfiguración stateless y el resto de la configuración está disponible a través de un servicio DHCP, con lo que se puede agregar información necesaria utilizando los campos option.

Features avanzados

Renumeración

Cuando las organizaciones utilizan direccionamiento IP provisto por un ISP, el cambio de proveedor requiere la renumeración de toda la red y los dispositivos involucrados. La renumeración en IPv4 es un procedimiento difícil, que requiere tiempo y siempre es pasible de errores.

Este procedimiento ha sido claramente facilitado en IPv6 al utilizar los sistemas de anuncio de prefijos que implementan los routers al mismo tiempo que se soporta la presencia de múltiples direcciones IP simultáneamente en la misma interfaz. En este contexto los hosts reciben los nuevos prefijos y utilizan las nuevas direcciones.

Sin embargo, aquellos elementos que se configuren estáticamente (tales como routers, switches, servidores, etc.) deberán ser renumerados manualmente.

✎ Es habitual que los sistemas operativos de terminales implementen renumeración como una medida de seguridad para prevenir la posibilidad del rastreo de los equipos.

Multicast

El broadcast en redes IPv4 tiene efectos indeseables en las redes: genera interrupciones en el procesamiento de los terminales, degrada la performance de la red y puede llegar a provocar tormentas de broadcast.

En IPv6 el broadcast ha sido reemplazado por multicast. Esto previene la generación de tormentas de broadcast y reduce el procesamiento en los terminales. En caso de necesitarse un mensaje que llegue a todos los puertos de un segmento (como si fuera un broadcast) se cuenta con una dirección multicast "all-nodes" (FF01::1).

Adicionalmente, el espacio de direccionamiento asignado a grupos de multicast es mucho más amplio que en IPv4, siendo posible definir 2^{112} direcciones de multicast, lo que facilita la posibilidad de contar con direcciones permanentes para diferentes servicios.

Encabezado simplificado

El encabezado IPv6 es más simple que el de IPv4: la mitad de los campos del encabezado IPv4 han sido removidos lo que simplifica el procesamiento de la información correspondiente aumentando la performance y la eficiencia del enrutamiento.

Por otra parte, todos los campos están alineados a 64 bits, lo que hace más eficiente el acceso a la memoria y a los sistemas de almacenamiento. De esta forma se optimiza el procesamiento y se aceleran los tiempos de reenvío de paquetes.

Una característica particular de este nuevo encabezado, es la eliminación del campo checksum. Esto significa que los dispositivos de enrutamiento a lo largo de una ruta no deben recalcular el valor de este campo en cada salto, lo que hace el proceso de enrutamiento más eficiente.

Inclusión de un campo "flow"

También podríamos decir que se incluye en el encabezado IP una etiqueta de flujo.

La adición de este campo permite identificar comunicaciones que deben ser procesadas de modo particular a lo largo de la ruta, sin necesidad de que los dispositivos intermedios procesen múltiples campos de los encabezados.

> ✎ El formato de esta etiqueta está definido en el RFC 3697, pero no hay aún especificación para la implementación de servicios en base a la información de este campo.

Extension Headers

En IPv6, cuando se requiere información adicional opcional en los encabezados (por ejemplo para realizar implementaciones de seguridad), esta información se incorpora en la forma de encabezados adicionales agregados a continuación del encabezado IPv6 y relacionados a partir del campo "next header".

Esta metodología aporta flexibilidad al encabezado y la posibilidad de incorporar progresivamente nuevas prestaciones a las actualmente disponibles.

Movilidad

Una prestación que ha ganado creciente importancia en las redes IP actuales es la movilidad. Mobile IP es una prestación definida por la IETF tanto para redes IPv4 como IPv6. Permite movilizarse a través de diferentes redes IP sin perder las sesiones establecidas a nivel de capa de transporte.

En IPv6 es una prestación soportada ampliamente por los dispositivos con soporte IPv6, mientras que en las redes IPv4 no ha llegado a tener una adopción generalizada.

La base de la implementación de movilidad en IPv6 es el uso de extensión headers en el encabezado IP. A esto se suma la implementación de optimización de rutas, lo que elimina los efectos de triangulación de tráfico móvil que se genera en redes IPv4 con soporte IP mobility.

Seguridad

Un beneficio notorio de IPv6 es la implementación de IPsec en todos los dispositivos con soporte IPv6. Esto incorpora la posibilidad de implementar servicios de control de integridad, autenticación y confidencialidad en las comunicaciones.

Todo terminal que opera con IPv6 tiene la posibilidad de habilitar IPsec. Esto brinda una posibilidad muy importante de comunicaciones seguras sobre Internet sin necesidad de implementaciones adicionales.

Estrategias de transición

Un punto muy importante es que el protocolo ha sido diseñado desde el primer momento teniendo presente que la migración de la red hacia IPv6 no se hará en un único momento ni todo al mismo tiempo. Para solucionar esta situación es que se han diseñado múltiples mecanismos de transición que permiten una integración temporal entre redes IPv4 y redes IPv6. Estos mecanismos permiten diferentes modelos, principalmente la comunicación de redes IPv6 a través de redes IPv4, de redes IPv6 con redes IPv4 y de terminales con soporte IPv6 sobre redes IPv4.

Comparación de features

Servicio	Solución IPv4	Solución IPv6
Rango de direcciones	32 bits de longitud NAT	128 bits Múltiples direcciones Múltiples tipos de unicast
Autoconfiguración	DHCPv4	Autoconfiguración stateless Autoconfiguración stateful DHCPv6
Seguridad	IPsec opcional	IPsec end-to-end
Movilidad	Mobile IP	Mobile IP con optimización de rutas
QoS	DSCP	DSCP
Multicast	IGMP PIM Multicast BGP	MLD PIM Multicast BGP Identificador de alcance

Tendencias actuales del mercado

En la actualidad, IPv6 está soportado en los sistemas operativos más populares incluyendo Mac OSX, Microsoft, Linux, iOS y Android.

En el caso de Microsoft, ya Windows XP soportaba IPv6 aunque únicamente a través de la línea de comando. Todas las versiones actuales de sistemas operativos Microsoft soportan IPv6 de modo nativo (Windows 7, Windows 8, etc.). En estos casos la conectividad a través de IPv6 tiene precedencia sobre IPv4.

En la comunidad open source se adoptó rápidamente IPv6 y está soportado tanto en Linux como en Unix.

Hay amplia disponibilidad de servidores de infraestructura tales como DNS servers, DHCP servers, mail servers, etc., desarrollados sobre IPv6.

Los sistemas de cable módem utilizan una red IP propia para la gestión y control de la red. Los sistemas de cable DOCSIS 3.0 (Data Over Cable Service Interface Specifications) soportan IPv6.

Cisco IOS soporta IPv6 desde el año 2000.

La transición hacia la implementación de IPv6

En la actualidad la implementación de IPv6 está avanzando rápidamente, aunque quizás no tanto como sería deseable.

El área de Asia-Pacífico está completamente volcada a IPv6, básicamente a consecuencia del crecimiento explosivo que experimenta Internet en la región y el rápido agotamiento de las direcciones IPv4 disponibles. El Hemisferio Norte (Europa y Estados Unidos) está avanzando de modo cada vez más acelerado ya que la provisión de direcciones IPv4 es claramente escasa, y Estados Unidos ha agotado el espacio de direccionamiento IPv4 asignado.

Hasta el año 2012 la comunidad internacional implementaba el "Día de IPv6", un día al año (6 de junio) en el que Service Providers y proveedores de contenidos se conectaban al backbone IPv6 de Internet para hacer una prueba masiva de la operación del protocolo y la red IPv6.
En el año 2012, el Día de IPv6 se convirtió en el día del lanzamiento de la Internet IPv6. Por lo tanto, desde el 6 de junio de 2012 a las 0000 UTC, los principales sitios web, las principales redes sociales, ISPs y proveedores de contenidos están operando de modo permanente sobre IPv6. En el sitio web http://www.worldipv6launch.org/ se puede verificar cuáles son los fabricantes, service providers, etc. que están comprometido con la iniciativa.

Paralelamente están desarrollándose múltiples aplicaciones industriales que necesitan cantidad de microdispositivos conectados (decenas de miles) para comunicarse entre sí. Es el caso de sistemas de monitoreo de sensores sísmicos o climáticos, tags RFID, sistemas de iluminación por LED, etc. La Internet de las Cosas (IoT por su sigla en inglés) es una realidad que ya está instalada. En estos casos IPv6 es la solución más viable no sólo por el espacio de direccionamiento disponible sino también por las funciones de autoconfiguración.

Simultáneamente y como una forma de impulsar el cambio de tecnología, muchos gobiernos y agencias gubernamentales están requiriendo e implementando una transición hacia IPv6. No sólo están involucrados los gobiernos de USA y la Unión Europea, sino también Brasil, Rusia, India, China, etc.

Tecnologías que se benefician con IPv6

Más allá de la necesidad impuesta por el agotamiento de direcciones IPv4 y la incorporación de algunas mejoras, hay tecnologías o servicios que se han implementado en los últimos años en Internet que se ven particularmente beneficiados por el despliegue de IPv6.

Voz sobre IPv6

La implementación de IPv6 simplifica significativamente la implementación de sistemas de telefonía IP en redes de gran despliegue. Adicionalmente los sistemas de telefonía sobre IP se ven beneficiados con la posibilidad de transferencia directa ente terminales, la mejora de los tiempos de configuración de la llamada y la reducción de la cantidad de señalización requerida.

Televisión sobre IPv6

El despliegue de IPTV es semejante al despliegue de telefonía IP. Pero en este caso, es un despliegue generalmente realizado por el service provider, para lo cual se dedica una red separada para asegurar la calidad de la imagen y del sonido.

En este caso, el paso a IPv6 de las redes IPTV permite aprovechar la multiplicidad de grupos de multicast disponibles y la facilidad para el diseño del direccionamiento.

Como contrapartida, la implementación de CPEs con soporte IPv6 no supone desafíos mayores, con lo que es posible plantear el reemplazo progresivo de los CPEs en uso por CPEs con soporte IPv6.

La implementación empresaria

La implementación de IPv6 en redes corporativas tiene desafíos importantes que se deben sortear: problemas con la compatibilidad de equipamiento (balanceadores de tráfico, firewalls, etc.) y de software, aplicaciones que no soportan IPv6 como sistemas de gestión, servidores de autenticación, etc. Esto puede no ser causa de la postergación de la implementación pero si de la extensión del período de mantenimiento de estructuras dual stack.

Pero por otra parte, la implementación de nuevas aplicaciones de negocios, el despliegue de virtualización de escritorio, la implementación de IoE y otras tecnologías de última generación empujan hacia la implementación de IPv6. En este punto, la escalabilidad y simplicidad lógica son sumamente importantes por su impacto en el costo operativo de la red.

Motivos para la adopción

Agotamiento del espacio de direccionamiento de IPv4

El motivador inicial y principal para el desarrollo de un nuevo protocolo de direccionamiento ha sido el agotamiento de las direcciones IPv4 disponibles.

A fin de generar un período de transición que era necesario, y como respuesta inmediata a la escasez de direcciones disponibles se idearon varias mejoras: la implementación de enrutamiento classless, la introducción de NAT y luego NAT Carrier-Grade han permitido a los ISPs expandir sus redes, pero al mismo tiempo han introducido serias limitaciones para la operación de sus clientes.

NAT Carrier-Grade es una opción para mantener las redes IPv4 disponibles, pero tienen la seria limitación de no permitir conexiones originadas desde Internet y que tienen como destino terminales de clientes alojados en la red del SP.

Por otra parte, a partir de la disponibilidad de espacio de direccionamiento en algunas regiones (como ha ocurrido con África) se comenzó con una política de reasignación de bloques. Sin embargo esto no ha hecho más que postergar el agotamiento anunciado y sumar complejidad a las tablas de enrutamiento.

Disponibilidad de IPv6 en sistemas operativos Microsoft

En la actualidad todos los sistemas operativos Microsoft tienen soporte nativo de IPv6. Fue introducido inicialmente en Windows XP, aunque sólo era accesible a través de la línea de comandos.

En los sistemas operativos Microsoft, cuando operan en forma dual stack, se prefiere la conectividad sobre IPv6. Esta característica que por un lado promueve la migración a IPv6, por el otro puede ser un inconveniente cuando en la red corporativa no se cuenta con un enrutamiento IPv6 consistente ya que las aplicaciones no podrán alcanzar el destino a menos que cuenten con una función incluida de operación sobre IPv4 cuando el destino IPv6 no está accesible.

Disponibilidad de IPv6 en sistemas open-source

La comunidad open-source ha sido un actor importante en el desarrollo del protocolo IPv6, motivo por el cual también los sistemas operativos basados en open-source (basados en Unix o Linux) incluyen soporte IPv6 desde hace tiempo.

Disponibilidad en plataformas móviles

Un mercado importante es el de los dispositivos móviles. La cantidad de dispositivos móviles está alcanzando y en algunas regiones superando la cantidad de líneas fijas conectadas a Internet, al tiempo que en el mercado masivo están desplazando a las terminales de escritorio. En este caso la escalabilidad y facilidad del despliegue son esenciales.

Las redes de cable módem

Las redes de cable módem están adoptando también rápidamente IPv6 ya que brinda una herramienta flexible y escalable para la gestión de la red tanto como para la provisión de acceso a los usuarios finales. En este sentido DOCSIS 3.0 soporta IPv6, que ya estaba soportada en dispositivos que adhieren a la especificación inicial conocida como DOCSIS 2.0 + IPv6.

Algunos recursos con información en línea

Hay múltiples sitios web que proporcionan información en línea sobre el avance de la implementación de IPv6.

Sitios de referencia globales:

- CIDR Report
  http://www.cidr-report.org/

- The IPv6 Portal
  http://www.ipv6tf.org/

- IPv6 Test
  http://ipv6-test.com/

- Estado de Despliegue de IPv6
  https://www.vyncke.org/ipv6status/

- 6lab de Cisco
  http://6lab.cisco.com/

- Portal IPv6 de Google
  https://www.google.com/intl/en/ipv6/

Sitios de referencia regionales

- Portal IPv6 de LACNIC
  http://portalipv6.lacnic.net/

Sitios de referencia para Argentina

- Estado de Despliegue de IPv6 en Argentina
  https://www.vyncke.org/ipv6status/detailed.php?country=Argentina

Operación de IPv6

> ✎ Las abreviaturas y siglas utilizadas en este manual son de conocimiento común en la industria. Puede encontrar un desarrollo de cada una de ellas en el Glosario de Siglas y Términos de Networking que está publicado en línea en la Librería de EduBooks y es de acceso libre:
> https://es.scribd.com/doc/292165924/Glosario-de-Siglas-y-Terminos-de-Networking-version-1-0

Internet Protocol versión 6 tiene algunas características salientes que lo distinguen de su predecesor:

- Un espacio de direccionamiento mucho mayor que surge a partir de utilizar direcciones de 128 bits de longitud.

- Una estructura de direccionamiento jerárquico de 3 niveles: red global, red local y puerto.

- Una simplificación en la estructura del encabezado de capa de red que reduce los requerimientos de procesamiento.

- La incorporación de nuevas prestaciones nativas tales como movilidad, autenticación, control de integridad y cifrado de los datos.

- Eliminación del concepto de dirección de broadcast.

- Incorporación del concepto de direcciones anycast.

- Eliminación de la necesidad de NAT.

Arquitectura de direccionamiento IPv6

Las direcciones IPv6 tienen 128 bits de longitud y se escriben como una serie de 8 campos de 16 bits cada uno representados utilizando 4 dígitos hexadecimales cada uno; estos 8 campos se separan utilizando dos puntos.

Notación de direcciones IPv6

Para su escritura se han elaborado algunas reglas:

- Los dígitos hexadecimales no son sensibles a mayúscula y minúscula.

- Los ceros a la izquierda en cada campo son opcionales y pueden omitirse.

- Cuando hay varios campos sucesivos completos en cero pueden ser reemplazados por un "doble dos puntos".

- El recurso del doble dos puntos para simplificar las direcciones solo puede utilizarse una sola vez en cada dirección.

Algunos ejemplos:

- FF01:0000:0000:0000:0000:0000:0000:0A10
  Puede escribirse FF01::A10

- 0000:0000:0000:0000:0000:0000:0000:0001
  Puede escribirse ::1

- fe80:0000:0000:0000:59d3:b48c:91af:826a
  Puede escribirse: fe80:: 59d3:b48c:91af:826a

Un caso particular del uso de estas direcciones se presenta cuando hay que utilizar una dirección IP en reemplazo de un nombre expresado como URL (Uniform Resource Locator). En este caso, en IPv4, los 2 puntos se utilizan para referenciar un puerto diferente del puerto por defecto que utiliza el protocolo.

Por ejemplo: http://www.ejemplo.com.ar:8080.
En este caso 8080 es el puerto al cual está direccionado el servicio que se procura alcanzar.

Cuando se utiliza directamente una dirección IPv4 esto no es una dificultad:
http://192.168.1.160:8080

Pero cuando se utilizan direcciones IPv6 esto no se puede hacer porque además de que se utilizan los dos puntos para separar los 8 campos, las técnicas de compresión de las direcciones IPv6 hacen que no siempre los 8 campos estén declarados explícitamente.

Por este motivo, para utilizar direcciones IPv6 como URL se encierra la dirección entre corchetes: http://[2001:DB8:832A::A]:8080

> ✎ Atención.
> Cuando se utiliza una IPv6 en reemplazo de una URL, la dirección se debe encerrar entre corchetes.

Este en realidad no es un concepto nuevo ya que también es posible utilizar los corchetes con direcciones IPv4.

En sistemas operativos Microsoft se pueden incluir direcciones IP en las rutas UNC. Sin embargo, los dos punto (:) son ilegales en rutas UNC, por lo que Microsoft ha implementado un mecanismo de sustitución para representar direcciones IPv6 como nombres de dominio que no generen conflicto dentro de rutas UNC. Para esto Microsoft ha registrado el dominio ipv6-literal.net como propio, de esta manera, las direcciones IPv6 se transcriben como subdominios del dominio ipv6-literal.net.

Un ejemplo:

Si se desea acceder al directorio \Usuarios\Documentos\ del host 2001:DB8:1234:ABCD::1 se puede expresar de la siguiente forma:

\\2001-DB8-1234-ABCD- -1.ipv6-literal.net\Usuarios\Documentos\

Esta notación es resuelta automáticamente por el sistema operativo sin realizar petición al servidor DNS.

Direcciones IPv6 especiales

Algunas direcciones tienen un significado especial en el contexto de IPv6:

Dirección sin especificar	::
Dirección de loopback	::1
Todos los nodos IPv6 de un segmento	FF02::1
Reservadas para documentación (RFC 3849)	2001:DB8::/32

Notación de redes

En IPv6 las redes se identifican utilizando un prefijo de red o prefijo de enrutamiento que se representa utilizando una notación semejante a la CIDR utilizada en IPv4 donde la red se representa utilizando la primer dirección del segmento (que tiene todos los bits del nodo en cero) seguida de una barra y el número de bits que identifican la red expresado en decimal. Un ejemplo:

2001:DB8::/32

En este caso la red está identificada por los primeros 32 bits de la dirección.

De esta forma, cuando identificamos un nodo incluyendo el prefijo decimal estados declarando la dirección IPv6 del nodo y la porción de red de esa dirección. Un ejemplo:

2001:DB8:1234:ABCD::1/64

Identifica al primer nodo de la red 2001:0DB8:1234:ABCD:0000:0000:0000:0000/64

Direcciones con formato especial

Adicionalmente hay un grupo de direcciones con formato especial en función de establecer mecanismos de compatibilidad con IPv4.

- Direcciones IPv4 compatibles.
  Son direcciones ideadas para la implementación de túneles automáticos sobre redes IPv4 cuyo formato es compatible con el protocolo de transporte.
  En estas direcciones la dirección IPv4 se encuentra embebida en formato decimal:
  0:0:0:0:0:0:192.168.1.100
  ::192.168.1.100
  En algunos casos puede ser necesario convertir la dirección en formato decimal a hexadecimal
  ::C0A8:0164
  Estas direcciones definidas en el RFC 4291 han sido dejadas por obsoletas.

- Direcciones IPv4 mapeadas a direcciones IPv6.
  Son direcciones utilizadas en nodos dual stack para mecanismos internos de los sistemas y no deben ser transmitidas nunca hacia la red. Es un mecanismo que permite representar una dirección IPv4 en el formato de una dirección IPv6 (RFC 2133).
  En nodos dual stack las direcciones IPv4 se tratan internamente como

direcciones IPv4 mapeadas para procesar direcciones de 128 bits. Por ejemplo, las entradas de Syslog utilizan estas direcciones para representar las direcciones IPv4.
0:0:0:0:0:FFFF:192.168.1.100
::FFFF:C0A8:0164

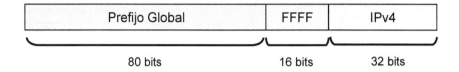

Prefijo Global	FFFF	IPv4
80 bits	16 bits	32 bits

Tipos de direcciones

IPv6 utiliza 3 formatos básicos de direcciones:

- Direcciones de unicast.

- Direcciones de multicast.

- Direcciones de anycast.

Direcciones de unicast.

Se utilizan para comunicaciones uno a uno.

Pueden ser sumarizadas, para esto las direcciones son acompañadas por un prefijo que especifica una cantidad determinada de bits significativos.

> ✎ Unicast – Comunicación con destino a un nodo específico.

Hay varios tipos de direcciones de unicast:

- Direcciones link-local.
  Es un concepto introducido por IPv6.
  Son descriptas en el RFC 4291.
  Todas las interfaces que operan con IPv6 tienen una dirección link-local.
  Su alcance está limitado al enlace o dominio de broadcast y no son reenviadas por ningún dispositivo de capa 3.

  o Son generadas dinámicamente a partir del prefijo FE80::/10 con un identificador de interfaz de 64 bits.

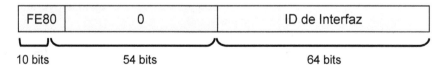

FE80	0	ID de Interfaz
10 bits	54 bits	64 bits

  o Permiten establecer comunicación entre dispositivos que están en un mismo segmento de red sin necesidad de otro tipo de direcciones.

  o Se utilizan en procesos de configuración automática, descubrimiento de vecinos y descubrimiento de routers.

o Cuando se establecen comunicaciones utilizando esta dirección como origen es necesario especificar la interfaz de salida ya que todas las interfaces del dispositivo pertenecen a la red FE80::/10.

- Direcciones globales.
Descriptas en el RFC 3587.
Son el equivalente de lo que en IPv4 denominamos direcciones públicas.
Son utilizadas para tráfico global (sobre Internet) y tienen una estructura jerárquica de 3 niveles:

  o La longitud de cada porción de la dirección es arbitraria, pero generalmente se respetan los 64 bits del ID de interfaz para mantener compatibilidad con múltiples implementaciones.

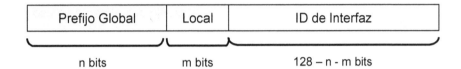

  o Un prefijo de enrutamiento global (Internet), típicamente de 48 o 52 bits de longitud.

  o Un identificador de enrutamiento local (la red local), de 8 o 16 bits.

  o Un identificador de interfaz de 64 bits de longitud.

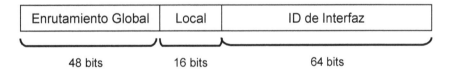

  o Hay varias razones para mantener el ID de interfaz en 64 bits (si bien puede trabajarse con IDs más cortos:

    • El procedimiento de autoconfiguración stateless requiere IDs de interfaz de 64 bits.

    • Algunos sistemas operativos de terminales no permiten cambiar la longitud del prefijo que viene ya establecida en /64.

    • Algunos dispositivos están diseñados para reenviar prefijos de hasta 64 bits por hardware, mientras que los prefijos de mayor longitud deben ser procesados por software.

  o En la actualidad IANA y los RIRs están asignando direcciones unicast globales dentro del rango 2000::/3.

- Direcciones site-local (obsoletas).
Ocupaban el prefijo FEC0::/10 (RFC 3879).
Estas direcciones fueron declaradas obsoletas y reemplazadas en el año 2005 por las direcciones unique local para solucionar algunas ambigüedades que habían surgido en el esquema original que incluía estas direcciones.

- Direcciones unique local.
  Descriptas en el RFC 4193.
  Son direcciones que tienen el alcance de un sitio o red específica (local) y muy posiblemente al mismo tiempo globalmente únicas (hay escasas posibilidades de un conflicto de direccionamiento). Estas direcciones tienen una estructura propia:

  o Un prefijo FC00::/7

    • FC00::/8
      Aún no se ha definido un mecanismo de asignación. Se ha reservado pensando en un mecanismo de asignación centralizado que aún no se ha definido.

    • FD00::/8
      Es el prefijo actualmente en uso para este propósito.

  o Un ID global pseudo-aleatorio de 40 bits.

  o Un ID de subred o red local de 16 bits de longitud.

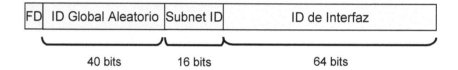

  o Un identificador de interfaz de 64 bits.

  o Ofrecen un mecanismo en algunos aspectos semejante al de las direcciones IPv4 privadas para establecer comunicaciones internas de una organización en un único sitio o entre diversos sitios de la misma organización conectados a través de Internet, pero no accesible desde nodos de otra organización conectados a Internet.
    Esto brinda una herramienta adecuada para implementar algunas políticas de seguridad.

- Direcciones para propósitos especiales:
  RFC 3513

  o Dirección sin especificar: ::/128
    Se utiliza como dirección de origen con propósitos especiales como un marcador que referencia un campo, por ejemplo en solicitudes DHCP. Nunca ocupa el campo de dirección de origen en un encabezado IPv6. Si así fuera el paquete no será reenviado.

  o Dirección de loopback: ::1/128
    Como en el caso de la dirección 127.0.0.1, define una interfaz local para el stack IP.

Direcciones de multicast.

Permiten establecer como destino un grupo de interfaces. Permiten enviar tráfico a múltiples destinos simultáneamente y definen comunicaciones de uno hacia un grupo.

- Una misma interfaz puede pertenecer a múltiples grupos diferentes al mismo tiempo.

- Son direcciones definidas por el prefijo FF00::/8 donde:

  o El segundo octeto contiene cuatro bits que actúan como marcadores y los siguientes cuatro definen el alcance de esta dirección multicast. El alcance puede ser la sola interfaz, el segmento de red, una subred, una red o global.

  o El ID del grupo de multicast está definido por los restantes 112 bits.

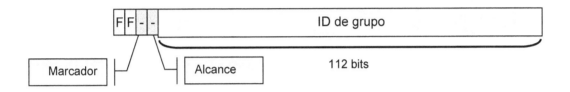

- Alcance o cobertura de las direcciones de multicast:

  o 1   Interfaz local.

  o 2   Link local.

  o 4   Administrador local. Debe ser configurado manualmente.

  o 5   Site local.

  o 8   Múltiples ubicaciones de la misma organización.

  o E   Global.

- El rango FF00::/8 está reservado y asignado a este propósito a través del RFC 4291.

- En IPv6 el multicast reemplaza el broadcast de IPv4.

- Con direcciones de multicast no se aplica el campo TTL ya que el alcance del paquete está definido en la misma dirección.

> ✎ Multicast – Comunicación con destino a un conjunto de nodos.

Algunos ejemplos de direcciones multicast:

FF02::1   Todos los nodos IPv6 (alcanza solamente ese segmento).

FF02::2   Todos los routers IPv6 (alcanza solamente ese segmento).

FF02::9 Todos los routers RIPng (alcanza solamente ese segmento).

FF05::101 Todos los servidores NTP (alcanza todo el sitio local).

Direcciones de anycast.

Permiten definir como destino un host cualquiera que es parte de un grupo.

Son direcciones asignadas a interfaces de uno o más nodos diferentes.

Cuando la dirección de destino de un paquete IPv6 es una dirección de anycast, ese paquete se enruta hacia la interfaz más cercana que esté asociada a esa dirección. La definición de interfaz más cercana estará en función de la métrica del protocolo de enrutamiento implementado. Todos los nodos que comparten una dirección anycast se comportan de la misma forma, de manera tal que el servicio se ofrece de modo independiente del nodo que responda a la solicitud.

Las direcciones de anycast se toman del rango de direcciones de unicast y requieren que la interfaz esté explícitamente configurada para identificar la dirección como dirección de anycast. De este modo se suprime la operación de DAD (Duplicate Address Detection).

Es una prestación poco explorada aún, con algunos pocos casos implementados. Sin embargo hay experiencia acumulada a partir de la aplicación del concepto de anycast en contextos IPv4 para acceder a los 13 root servers del sistema DNS. Por supuesto que también se aplica a los DNS root servers en IPv6.

🖎 Anycast – Comunicación con destino al más cercano de los miembros de un conjunto de nodos.

🖎 En IPv6 no existen las direcciones de broadcast.

🖎 El alcance de las direcciones de anycast (global o local) es el mismo del de las direcciones de unicast utilizadas.

Direcciones anycast subnet-router

En cada segmento identificado con direccionamiento unicast global o unique local, la IPv6 con todos los bits del identificador de interfaz en cero está reservada como dirección anycast subnet-router. Esta dirección se utiliza para direccionar tráfico que requiere respuesta de cualquiera de los routers vinculados a un segmento.

🖎 Esta dirección es diferente de la dirección multicast "todos los routers IPv6".
La dirección FF02::2 identifica a todos los routers conectados a un segmento y no es ruteable.
La dirección anycast subnet-router identifica a cualquiera de los routers conectados a un segmento específico y es completamente ruteable desde la red global.

Una excepción a esto es la implementación de prefijos /127 en enlaces punto a punto. En este caso, cuando se asigna un prefijo /127 a un segmento el RFC 6164 indica que el router debe deshabilitar el anycast subnet-router en ese segmento.

Direcciones IPv6 requeridas en un nodo

Todo nodo IPv6 cuenta con varias direcciones IPv6 que ha de utilizar para diferentes tareas:

- Una dirección link local FE80::/10

- La dirección de loopback ::1

- La dirección multicast correspondiente a todos los nodos IPv6 FF02::1

- Muy posiblemente una dirección unicast global.

- Cualquier otra dirección unicast unique local o anycast que corresponda.

- La dirección multicast solicited-node que corresponda a cada dirección unicast o anycast configurada FF02::1:FFXX:XXXX/104

- Las direcciones multicast de los grupos a los cuales el nodo se encuentre asociado.

Cuando se trata de un router, entonces las direcciones requeridas son:

- Una dirección link local FE80::/10 derivada utilizando EUI-64.

- La dirección de loopback ::1

- La dirección multicast correspondiente a todos los nodos IPv6 FF02::1

- La dirección multicast correspondiente a todos los routers IPv6 FF02::2

- Cualquier otra dirección unicast global o unique local que corresponda.

- La dirección multicast solicited-node que corresponda a cada dirección unicast configurada FF02::1:FFXX:XXXX/104

- Las direcciones multicast de los grupos a los cuales el router se encuentre asociado (p.e. protocolos de enrutamiento).

Sintetizando:

Dirección	Prefijo
Dirección sin especificar	::
Dirección de loopback	::1
IPv4 mapeadas	::FFFF:0:0/96
Unicast globales	2000::/3 (espacio de asignación actual)
Teredo	2001:0000::/32
Unicast global para documentación	2001:DB8::/32

Túneles 6to4	2002::/16
Unicast unique local	FC00::/7
Unicast link local	FE80::/10
Multicast	FF00::/8

El identificador de Interfaz

En las direcciones de unicast se utiliza un identificador de interfaz para identificar una interfaz en un enlace o segmento de red.

- Debe ser único dentro del segmento, y puede ser único también en un sentido más amplio.

- Se asume que un identificador es universal o global cuando se deriva directamente de una dirección de capa de enlace de datos (dirección MAC) que también se asume como universal.

- Tienen siempre 64 bits de longitud.

- Puede ser creado dinámicamente.

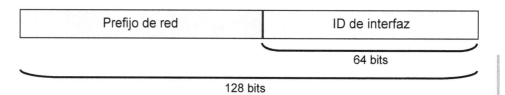

Mecanismos de asignación del ID de interfaz

El identificador de Interfaz puede ser asignado a través de 2 métodos básicos:

- Asignación estática de direcciones.

- Asignación automática de direcciones.
  Denominamos asignación automática del ID de interfaz a un proceso por el cual el sistema operativo del dispositivo terminal genera automáticamente (sin intervención de un dispositivo externo) la porción de la dirección de unicast que identifica a la interfaz en el segmento de red (últimos 64 bits).
  Con este propósito hay 2 mecanismos previstos dentro del protocolo IPv6.

  o Identificador Privado de Interfaz.
    Documentado en el RFC 3014.
    Este proceso genera un identificador de interfaz al azar utilizando una variable pseudo-random. La dirección generada de esta forma es regenerada en períodos de tiempo relativamente cortos.
    Es considerado un modo de protección de la privacidad ya que impide el seguimiento de la actividad y de los puntos de conexión de una terminal ya que el identificador de la interfaz es generado al azar y renovado periódicamente.
    Es el mecanismo adoptado por los sistemas operativos tales como

Microsoft y otros ya que permite proteger la privacidad del usuario al impedir se seguimiento a través de la red (como ocurriría si se derivara un ID a partir de la MAC que permanece sin cambios).

o EUI-64
Procedimiento aplicado por Cisco IOS a sus interfaces para la generación de un identificador de interfaz en entornos Ethernet. Expande los 48 bits de la dirección MAC insertando en el centro 2 bytes fijos que son FFFE para llevarla a una longitud total de 64 bits. Adicionalmente se coloca el bit 7 desde la izquierda en 1 para reducir la probabilidad de coincidir con un ID asignado manualmente.

✎ En la actualidad los identificadores organizacionales (OUI) se asignan con el bit 7 en cero (0).
Los identificadores derivados utilizando EUI-64 tienen siempre el OUI en uno (1).

Un ejemplo:

Dirección MAC	001D.BA06.3764		
	001D.BA		06.3764
	021D.BA	FFFE	06.3764
ID EUI-64	021D:BAFF:FE06:3764		

Prefijo global IPv6:   2001:db8:ab1:1::/64

Dirección IPv6 unicast global: 2001:db8:ab1:1:021D:BAFF:FE06:3764

- Asignación stateless de direcciones.
Permite la configuración básica de los nodos sin necesidad de un servidor y de modo automático, al mismo tiempo que facilita la ejecución de tareas de remuneración.
Utiliza el mecanismo de descubrimiento de vecinos para detectar la presencia de un router y generar dinámicamente direcciones IPv6 a partir de la información proporcionada por el gateway de la red.
Los routers envían anuncios a través de todas sus interfaces a intervalos regulares de tiempo o como respuesta a solicitudes. Esta publicación está dirigida a la dirección de multicast FF02::1, utiliza el protocolo ICMP y contiene:

o Uno o más prefijos /64 (red global + red local).

o Tiempo de vida de los prefijos. Por defecto es de 7 días.

o Etiqueta indicando el tipo de autoconfiguración.

o Dirección del default router.

o Información adicional.

Por otra parte, los equipos terminales pueden enviar, al momento de iniciar su operación, una solicitud de router (router solicitation). Estas solicitudes:

- o Son paquetes ICMP tipo 133.

- o Se indica como origen la dirección no especificada (::).

- o La dirección de destino es FF02::2

- o Se envía solamente al momento del inicio y sólo 3 veces.

- Asignación por DHCPv6.

    ✎ Este mecanismo será desarrollado más adelante en un
apartado específico.

Formato del encabezado IPv6

Una de las ventajas notorias de IPv6 sobre IPv4 es contar con una estructura más
simple del encabezado generado por el protocolo, lo que redunda en una reducción del
procesamiento necesario para tomar decisiones en el reenvío de paquetes

El encabezado IPv6 tiene 6 campos menos que su predecesor:

- El campo Longitud del Encabezado ha sido removido ya que los encabezados
IPv6 tienen una longitud fija de 40 bytes.

- No hay un campo de Fragmentación ya que los procesos de fragmentación de
paquetes han sido reemplazados por el procedimiento de descubrimiento del
MTU de la ruta. Consecuentemente también desaparecen los campos Flags e
Identificación.

- El campo Checksum ha sido removido ya que la mayoría de las tecnologías de
transporte de capa 2 tienen su propio mecanismo de control de errores y esta
verificación se ha convertido en innecesariamente redundante.

- La nueva estructura está alineada con una estructura de 64 bits, lo que acelera
su procesamiento.

El encabezado IPv6 contiene solamente 8 campos:

- Versión.

- Clase de Tráfico.
Este campo reemplaza al campo ToS de IPv4 cumpliendo tareas semejantes,
por lo que se mantienen las funcionalidades de marcado de tráfico utilizando
Differentiated Services sin cambios notorios.

- Etiqueta de Flujo.
Es una novedad introducida en esta versión que permite generar una etiqueta de
20 bits de longitud para identificar flujos de tráfico o comunicaciones, lo que
permite implementar políticas en función de esta etiqueta sin necesidad de
procesar múltiples campos de los encabezados de capa 3 y 4.

- Longitud de la Carga.
Describe la longitud exclusivamente del contenido del paquete sin contar el
encabezado que tiene siempre una longitud fija.

- Próximo Encabezado.
  Este campo es otra de las novedades y se utiliza para indicar el tipo de información que se ha de encontrar a continuación del encabezado IPv6. Esa información que se encuentra a continuación del encabezado IPv6 estándar puede ser un encabezado de capa de transporte o una extensión de encabezado que agrega funciones adicionales al protocolo de capa de red.

- Límite de Saltos.
  Especifica el máximo número de saltos que el paquete puede atravesar. Cumple la misma función y reemplaza al campo TTL de IPv4, renombrándolo de un modo que describa mejor su función.

- Dirección de Origen.
  Identifica la interfaz origen del paquete.

- Dirección de Destino.
  Identifica la interfaz de destino del paquete.

A continuación se encuentran las extensiones de encabezado (cuando las hay) o el encabezado de capa de transporte. No hay un número fijo definido para la cantidad de extensiones posibles.

1   32

Versión	Clase de Tráfico	Etiqueta de Flujo	
Longitud de la Carga		Próximo encabezado	Límite de Saltos
Dirección IP de origen			
Dirección IP de destino			
Datos			

Comparación con el encabezado IPv4

	IPv4	IPv6
Cantidad de campos	12	8
Longitud básica	20 Bytes (sin opciones)	40 Bytes
Soporta fragmentación	SI	NO
Campos: Versión	SI	SI
Longitud del encabezado	SI	NO

	IPv4	IPv6
Tipo de servicio	SI	Clase de Tráfico
Etiqueta de flujo	NO	SI
Longitud de la carga	SI	SI
Identificación	SI	NO
Marcadores	SI	NO
ID de fragmento	SI	NO
Próximo encabezado	NO	SI
Time to live	SI	Límite de Saltos
Protocolo	SI	NO
Checksum	SI	NO
Dirección origen	32 bits	128 bits
Dirección destino	32 bits	128 bits
Opciones	SI	NO
Extensiones del encabezado	NO	SI

Extensiones del Encabezado

Son encabezados opcionales que se agregan a continuación del encabezado IPv6 básico y que pueden encontrarse encadenados unos a continuación de otros. Su propósito es habilitar prestaciones adicionales a las básicas del protocolo: seguridad, movilidad, etc.

Cada extensión es identificada por el campo Próximo Encabezado (Next Header) del encabezado precedente. La última extensión identifica el protocolo transportado en IPv6.

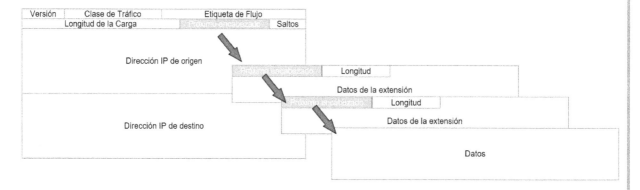

Hay un orden pre-establecido que el dispositivo origen podría seguir al momento de generar el paquete; más allá de esto, el dispositivo destino los puede recibir en cualquier orden y toma siempre como referencia para su interpretación los campos de Próximo Encabezado.

El orden de los encabezados debiera ser el siguiente:

- Salto por salto.
  ID de encabezado = 0
  Contiene información que debe ser revisada en cada salto de la ruta.
  Soporta varias opciones, en la actualidad se lo utiliza para dar soporte a
  paquetes de tamaño excedente al soportado por el protocolo.
  IPv6 soporta paquetes con una carga de hasta 65535 bytes, esta opción permite
  operar con paquetes con una carga de hasta 4.294'967.295 bytes.

- Opciones de destino.
  ID de encabezado = 60
  Contiene información que sólo ha de ser revisada por el nodo destino.
  En la actualidad se utiliza para transportar la dirección de origen en Mobile IPv6.
  Informa la dirección de origen inicial de un nodo móvil mientras se está
  desplazando fuera de su red de origen.
  Puede aparecer 2 veces en un encabezado IPv6 ya que puede estar protegido o
  no por la encriptación.

- Enrutamiento.
  ID de encabezado = 43
  Routing tipo 0. Con este tipo de encabezado puede forzarse una ruta a través de
  una serie de saltos predefinidos.
  Routing tipo 2. Se utiliza con IP mobility.
  La implementación de esta extensión permite definir una ruta específica a seguir
  entre origen y destino, cambiando el campo dirección de destino del encabezado
  IPv6 en cada uno de los saltos de la ruta trazada en el origen.

- Fragmentación.
  ID de encabezado = 44
  Se utiliza cuando un nodo debe enviar un paquete de mayor longitud que el MTU
  de la ruta que ha de utilizar. En este caso el nodo origen debe dividir el paquete
  en fragmentos acordes que se envían en paquetes independientes
  identificándolos con esta extensión.
  El nodo destino reensambla los fragmentos en el orden correcto.
  Solamente el nodo de origen puede fragmentar un paquete. Los routers que se
  atraviesan en la ruta no pueden fragmentar un paquete IPv6.

- Autenticación (AH).
  ID de encabezado = 51
  Implementación descripta en el RFC 4302 que provee servicios de autenticación
  y control de integridad de los paquetes.

- Encapsulating Security Payload (ESP).
  ID de encabezado = 50
  Implementación de seguridad descripta en el RFC 4303 que brinda servicios de
  autenticación, confidencialidad y control de integridad de los paquetes.

- Movilidad.
  ID de encabezado = 135

- Capa superior.
  TCP. ID de encabezado = 6
  UDP. ID de encabezado = 17
  En este caso es obligatoria la implementación del ckecksum de capa 4 ya que
  no hay verificación de este tipo en el encabezado IPv6.
  ICMPv6. ID de encabezado = 58
  Este es la última extensión de encabezado.

De acuerdo a su propósito y funciones, las extensiones de encabezado pueden ser procesadas por cada uno de los routers de la ruta (hop-by-hop) o solamente por el dispositivo destino (AH o ESP).

IPv6 vs. IPv4

IPv4	IPv6
Direcciones de 32 bits	Direcciones de 128 bits
Notación decimal	Notación hexadecimal
Direcciones jerárquicas de 2 niveles	Direcciones jerárquicas de 3 niveles
Tipos de direcciones: 　　Unicast 　　Multicast 　　Broadcast	Tipos de direcciones: 　　Unicast 　　　　Global Unicast 　　　　Link Local 　　　　Unique Local 　　Multicast 　　Anycast
Dirección de loopback 127.0.0.1	Dirección de loopback　::1
ID de interfaz de longitud variable.	ID de interfaz sugerido de 64 bits.
Soporta una única IP en cada interfaz.	Soporta múltiples IPs en cada interfaz.
Asignación del ID de interfaz: 　　No hay mecanismos 　　automáticos.	Asignación del ID de interfaz: 　　Manual 　　Automático 　　　　ID Privado 　　　　EUI-64
Asignación de direcciones: 　　Estática 　　Automática 　　　　DHCPv4	Asignación de direcciones: 　　Estática 　　Automática 　　　　Stateless 　　　　DHCPv6
Encabezado más complejo.	Encabezado más simple.
Encabezado incluye checksum.	Encabezado elimina el checksum
No incluye prestaciones de seguridad.	Seguridad: 　　Autenticación. 　　Cifrado. 　　Control de integridad.
No incluye prestaciones de movilidad.	Movilidad.
ICMPv4	ICMPv6
ARP	Neighbor Discovery
IP Fragmentation	Path MTU Discovery
MTU　mínimo 68 bytes 　　mínimo recomendado: 576 bytes	MTU　mínimo 1280 bytes 　　mínimo recomendado: 1500 bytes
No hay una función equivalente.	Duplicated Address Detection
DHCPv4	DHCPv6
No hay una función equivalente.	DHCPv6 Prefix Delegation
Resolución de nombres: DNS	Resolución de nombres: DNS

IPv4	IPv6
Registros DNS A	Registros DNS AAAA
Protocolos de enrutamiento: RIPv2 OSPFv2 EIGRP IS-IS BGPv4	Protocolos de enrutamiento: RIPng OSPFv3 EIGRP IS-IS MP-BGP
Mecanismo de traducción: NAT	Mecanismos de traducción: NAT64 DNS64

Implementación de IPv6 en los hosts

Los sistemas operativos de mayor uso en dispositivos terminales en la actualidad ya soportan IPv6.

Al momento de habilitar el protocolo, es preciso tener presentes algunos detalles. El primero es que al estar habilitado IPv6 es preferido a IPv4, por lo que es probable que la terminal (aún en redes dual stack) intente alcanzar el destino utilizando IPv6 si está disponible. Siendo así, si hay inconvenientes con la ruta IPv6 el dispositivo experimentará problemas para acceder al servicio aun cuando toda la red sea dual stack y no haya problema de conectividad con IPv4.

> En sistemas operativos de terminales, cuando están habilitados IPv4 e IPv6 (dual stack) el sistema operativo prefiere siempre IPv6.

Este comportamiento se puede cambiar incrementando el valor de prioridad para el tráfico IPv4 incrementando el valor de precedencia.

Activación de IPv6 en Windows

Todas las versiones actuales de Windows soportan IPv6.

- Windows XP y Windows Server 2003 tienen opciones de configuración limitadas y carecen de una interfaz gráfica para gestionar el protocolo. La configuración debe hacerse utilizando la línea de comando de `netsh`.

  o Carecen de un cliente DHCPv6.

  o Sólo soportan prefijos de 64 bits.

  o No soportan transporte de DNS sobre IPv6.

- A partir de Windows Vista se cuenta con una interfaz gráfica completa para la configuración.

  o IPv6 está ya activo por defecto.

o   Por defecto, todas las versiones permiten autoconfiguración utilizando el procedimiento stateless.

Configuración utilizando `netsh`:

```
C:\>netsh interface ipv6 install
```
Instala IPv6. Se utiliza en sistemas XP y 2003 Server.

Este comando no es necesario en instalaciones de Windows Vista y siguientes.

```
C:\>netsh
```
Inicia netsh como un submodo de configuración, lo que facilita el ingreso de los comandos.

```
netsh>interface ipv6
```
Ingresa al submodo de configuración de IPv6.

```
netsh interface ipv6>set address [interfaz] [IPv6]
```
Configura una dirección IPv6 estática en una interfaz específica.

```
netsh interface ipv6>set route [destino] [interfaz] [gateway]
```
Configura una ruta estática.

```
netsh interface ipv6>set dnsservers [interfaz] {dhcp | static [ipv6]}
```
Configura un servidor DNS para el sistema.

Verificación de la configuración de IPv6 en Windows

```
C:\>ipconfig
C:\>ipconfig /all
```
Permite verificar la configuración IP de las interfaces, tanto la de IPv4 como la de IPv6.

La variante /all permite verificar también la configuración de DNS.

```
C:\>route print -6
```
Visualiza la tabla de enrutamiento IPv6, que generalmente reporta solo el default-gateway.

```
C:\>netsh interface ipv6 show addresses
```
Permite verificar la configuración de IPv6, con información adicional como tipo de direcciones, estado de DAD, y timer de uso de la direcciones.

```
C:\>netsh interface ipv6 show dnsservers
```
Visualiza la configuración de DNS IPv6.

```
C:\>netsh interface ipv6 show route
```
También permite verificar la tabla de enrutamiento IPv6.

```
C:\>netsh interface ipv6 show neighbors
```
Muestra la tabla de vecinos que está mantenida en la memoria caché.

Activación de IPv6 en Linux

Los sistemas basados en Linux soportan IPv6 a partir del kernel versión 2.2.

Si bien algunos elementos cambian en las diferentes distribuciones, los comandos básicos son los mismos.

```
Host#modprobe ipv6
```
Carga el módulo IPv6 del kernel.

```
Host#ifconfig [interfaz] ipv6 add [IPv6]/[longitud]
```
Configura estáticamente la dirección IPv6 en la interfaz.

```
Host#ifconfig [interfaz] ipv6 del [IPv6]/[longitud]
```
Remueve una dirección IPv6 configurada estáticamente en la interfaz.

```
Host#route -A inet6 add [destino] gw [gateway]
```
Agrega una ruta estática.

```
Host#route -A inet6 add default gw [gateway]
```
Agrega una ruta estática por defecto.

En Linux, el servidor DNS debe ser agregado al archivo /etc/resolv.conf utilizando el comando:

```
nameserver [dirección]
```
Se debe agregar una línea por servidor DNS que se desea referir.

Verificación de la configuración de IPv6 en Linux

```
Host#ifconfig
```
Verifica la configuración IP de la interfaz y las estadísticas de tráfico.

```
Host#route -6
```
Muestra la tabla de enrutamiento IPv6.

```
Host#ip -f inet6 neigh
```
Permite visualizar una lista de los vecinos IPv6.

Activación de IPv6 en Mac OS X

Mac OS X soporta IPv6 de modo nativo y es posible configurar tanto por línea de comando como por interfaz gráfica. Dado el origen del sistema operativo, la línea de comandos es semejante a la de Linux:

```
Test:~ user$ ifconfig
```
Permite realizar la configuración manual de los parámetros IP de una interfaz.

```
Test:~ user$ route
```
Ingresa manualmente una ruta en la tabla de enrutamiento.

```
Test:~ user$ netstat
```

Muestra el estado de la red, la tabla de enrutamiento y las estadísticas de operación de las interfaces.

```
Test:~ user$ ipv6 -a
```

Habilita el protocolo IPv6 en todas las interfaces de la terminal. Este comando no es persistente cuando se reinicia el equipo.

```
Test:~ user$ ipv6 -x
```

Deshabilita IPv6 en todas las interfaces de la terminal, pero no es persistente cuando se reinicia el equipo.

```
Test:~ user$ networksetup -setv6off [interfaz]
```

Deshabilita IPv6 en la interfaz que se especifica de modo permanente. Este comando sí persiste luego de un reinicio.

```
Test:~ user$ networksetup -setv6automatic [interfaz]
```

Habilita IPv6 en la interfaz que se especifica de modo permanente. Este comando sí persiste luego de un reinicio.

Paralelamente hay que tener presente que algunas versiones de Mac OS X no tienen soporte para clientes de DHCP (en ese caso es necesario implementar clientes de terceras partes si se desea utilizar DHCP). Se incluye un cliente DHCP a partir de Mac OS X 10.7.

Otra particularidad es el tratamiento que se da en implementaciones dual-stack. En este caso, hasta OS X 10.10 se prefiera IPv4 sobre IPv6 aún en implementaciones en que ambos protocolos están operativos (a diferencia de otros sistemas operativos). A partir de OS X 10.11 se prioriza IPv6 en implementaciones dual-stack, como en otros sistemas operativos.

Implementación de IPv6 en routers

Cisco IOS incluye soporte para redes IPv6 desde el año 2002. En la actualidad es un feature incluido en las imágenes de IOS con licenciamiento base, con lo que es posible su implementación en cualquier dispositivo Cisco IOS:

Implementación de IPv6 Cisco IOS

Actualmente, en Cisco IOS el enrutamiento IPv6 no se encuentra activo por defecto por lo que los procedimientos de configuración deben comenzar por la activación de las funcionalidades de enrutamiento en primer lugar.

El procedimiento es:

- Activar el reenvío de tráfico IPv6 de unicast.

- Configurar cada una de las interfaces que van a utilizar el protocolo.

> ✎ Para la descripción de procedimientos de configuración y comandos se considera Cisco IOS 15.4(2)S y IOS XE 03.12.00.S.

```
Router# configure terminal
Router(config)#ipv6 unicast-routing
```
Activa nivel global el proceso de reenvío de tráfico unicast IPv6.

```
Router(config)#interface [interfaz]
Router(config-if)#ipv6 enable
```
Habilita el soporte de IPv6 en una interfaz en la que no se va a configurar una dirección explícita. Por ejemplo cuando sólo va a utilizar solamente la dirección link local.

Si se va a configurar una dirección IPv6 de unicast en la interfaz, el sistema operativo habilitará automáticamente el soporte de IPv6 en ella.

Ejecutado el comando en la interfaz se genera automáticamente la dirección de link local.

```
Router(config-if)#ipv6 address [dirección]/[longitud]
```
Asigna una dirección IPv6 estática a la interfaz.

De modo simultáneo se activa el protocolo IPv6 en la interfaz (si no se había habilitado antes) y se configura automáticamente la dirección link-local.

En este caso se deben definir los 128 bits de la dirección y especificar la longitud del prefijo asignado a la red.

```
Router(config-if)#ipv6 address [prefijo]/[longitud] eui-64
```
Configura una dirección IPv6 definiendo un prefijo de 64 bits o menos, con un ID de interfaz se definido automáticamente utilizando el procedimiento EUI-64.

```
Router(config-if)#ipv6 unnumbered [interfaz]
```
Permite configurar la interfaz sin asignar una dirección IPv6 global propia para cada interfaz. Instruye al sistema operativo que esta interfaz utiliza para encapsular como dirección IPv6 de origen la de otra interfaz del mismo dispositivo.

Opera de modo semejante a este mismo comando en entornos IPv4.

```
Router(config-if)#ipv6 address [FE80::subfijo] link-local
```
Permite definir una dirección link-local estática en reemplazo del procedimiento de asignación automática de IOS que utiliza EUI-64 por defecto.

No es necesario especificar la longitud del prefijo.

```
Router(config-if)#ipv6 address autoconfig
```
Permite que el router auto configure una dirección IPv6 en su interfaz tomando como base las publicaciones de otro router en el segmento con el procedimiento de autoconfiguración stateless.

```
Router(config-if)#ipv6 address autoconfig default
```
Permite que el router auto configure su interfaz tomando como base las publicaciones de otro router en el segmento y agregue

una ruta por defecto basada en las publicaciones que recibe para utilizar ese router vecino como gateway de la red.

Activación en switches Catalyst

En el caso de los switches Cisco Catalyst multilayer es necesario modificar la plantilla de gestión de la base de datos que se aplica a la TCAM de modo tal de contar con registros IPv6 en la misma.

```
Switch#configure terminal
Switch(config)#sdm prefer dual-ipv4-and-ipv6 default
```
Habilita los registros IPv6 en la TCAM.

✎ El comando está disponible solamente en switches Catalyst capa 3 con advanced IP services.

Verificación de la configuración de las interfaces

```
Router#show ipv6 interface GigabitEthernet0/0
```
Permite verificar la configuración de IPv6 en una interfaz.

```
GigabitEthernet0/0 is up, line protocol is up
  IPv6 is enabled, link-local address is FE80::202:16FF:FE52:E601
  No Virtual link-local address(es):
  Global unicast address(es):
    2001:DB8:0:1:202:16FF:FE52:E601, subnet is 2001:DB8:0:1::/64 [EUI]
  Joined group address(es):
    FF02::1
    FF02::2
    FF02::1:FF52:E601
  MTU is 1500 bytes
  ICMP error messages limited to one every 100 milliseconds
  ICMP redirects are enabled
  ICMP unreachables are sent
  ND DAD is enabled, number of DAD attempts: 1
  ND reachable time is 30000 milliseconds
  ND advertised reachable time is 0 (unspecified)
  ND advertised retransmit interval is 0 (unspecified)
  ND router advertisements are sent every 200 seconds
  ND router advertisements live for 1800 seconds
  ND advertised default router preference is Medium
  Hosts use stateless autoconfig for addresses.
```

Análisis del comando:

```
Router#show ipv6 interface GigabitEthernet0/0
GigabitEthernet0/0 is up, line protocol is up
```
Como en IPv4, muestra el estado operativo de la interfaz.

```
  IPv6 is enabled, link-local address is FE80::202:16FF:FE52:E601
```
Dirección IPv6 link local asignada a la interfaz utilizando EUI-64 que es el procedimiento por defecto.

```
No Virtual link-local address(es):
Global unicast address(es):
  2001:DB8:0:1:202:16FF:FE52:E601, subnet is 2001:DB8:0:1::/64 [EUI]
```

Dirección de unicast global asignada a la interfaz.

Según lo indicado, el ID de interfaz ha sido definido utilizando EUI-64.

```
Joined group address(es):
```

Direcciones multicast asociadas a la interfaz.

```
  FF02::1
```

Dirección multicast "todos los nodos IPv6".

```
  FF02::2
```

Dirección multicast "todos los routers IPv6"

```
  FF02::1:FF52:E601
```

Dirección multicast solicited-node asociada al ID de interfaz derivado por EUI-64. Esta dirección es utilizada en el procedimiento DAD.

```
MTU is 1500 bytes
ICMP error messages limited to one every 100 milliseconds
ICMP redirects are enabled
ICMP unreachables are sent
ND DAD is enabled, number of DAD attempts: 1
ND reachable time is 30000 milliseconds
ND advertised reachable time is 0 (unspecified)
ND advertised retransmit interval is 0 (unspecified)
ND router advertisements are sent every 200 seconds
ND router advertisements live for 1800 seconds
ND advertised default router preference is Medium
Hosts use stateless autoconfig for addresses.
```

ICMPv6

ICMP es un protocolo del stack TCP/IP que brinda soporte a la operación del protocolo IP a través de la implementación de mensajes de control y gestión de la operación de capa de red. En entornos IPv6, ICMPv6 es la versión del protocolo que brinda soporte.

En IPv6 el uso de los mensajes de ICMP (Internet Control Message Protocol) encuentra un papel aún más importante que en su predecesor. En especial, tiene un papel importante en los procesos de identificación y localización de servicios dentro de la red.

ICMPv6 es en algunos aspectos semejante a ICMPv4 y en otros incorpora nuevas funcionalidades:

- ICMPv6 es parte de IPv6.

- Permite realizar operaciones de diagnóstico y reporte de problemas.

- Utiliza 2 tipos de mensajes: mensajes de error y mensajes de información.

- El paquete ICMP es transportado como contenido de un paquete IPv6 convencional con un valor de next header = 58.

- El paquete ICMPv6 se transporta al final de la cadena de extensiones de encabezado, si la hay, del mismo modo que la información de capa 4.

- El paquete ICMPv6 tiene 4 campos específicos:

    o El campo tipo identifica el tipo de mensaje ICMP que contiene.

    o El campo código da detalles más específicos sobre el tipo de mensaje que contiene.

    o El campo checksum es el resultado del procesamiento del paquete ICMP completo para que el destino pueda verificar la integridad del paquete que recibe.

    o En el campo datos se envía información que el receptor puede aprovechar para tareas de diagnóstico u operación.

- ICMPv4 frecuentemente se encuentra bloqueado por políticas de seguridad en redes corporativas como una contramedida de seguridad. ICMPv6 no es diferente, pero tiene la posibilidad de ser asegurado con la implementación de autenticación y encriptación, lo que reduce la posibilidad de un ataque basado en ICMPv6.

1			32
		Próximo encabezado **58**	
Tipo de ICMPv6	Código de ICMPv6		Checksum
Datos ICMPv6			

Tipos de mensajes ICMPv6

Tipo	Mensaje	Función
1	Destination Unreachable	Error
2	Packet Too Big	Error
3	Time Exceded	Error
4	Parameter Problem	Error
128	Echo Request	Echo
129	Echo Reply	Echo
130	Multicast Listener Query	Control
131	MLDv1 Multicast Listener Report	Control
132	MLDv1 Multicast Listener Done	Control
133	Router Solicitation	Control
134	Router Advertisement	Control
135	Neighbor Solicitation	Control
136	Neighbor Advertisement	Control
137	Redirect / Change Request	Control
143	MLDv2 Multicast Listener Report	Control
144	Home Agent Address Discovery Request	Control
145	Home Agent Address Discovery Reply	Control
146	Mobile Prefix Solicitation	Control
147	Mobile Prefix Advertisement	Control

Mensajes de error ICMP

- Tipo 1 - Destino inalcanzable.
  Reporta información específica sobre una condición de destino inalcanzable. Puede haber dificultades para recibir este tipo de mensajes ya que su IP de origen no es la del nodo destino sino la del nodo intermedio que encontró el problema para el reenvío del mensaje, lo que hace que sea filtrado en algunos firewalls.

- Tipo 2 - Paquete muy grande.
  Es parte del proceso de descubrimiento de MTU de la ruta (PMTUD - Path MTU Discovery). No debieran ser bloqueados en la red.

- Tipo 3 - Tiempo excedido.
  Indica que la cuenta de saltos ha llegado a cero.

    o Código 0: Indica que se excedió el límite de saltos.

o Código 1: Indica que se excedió el tiempo para reensamblaje del paquete.

• Tipo 4 - Problemas de parámetros.
La porción del paquete que provocó el error es identificada en el contenido del paquete ICMPv6.

Path MTU Discovery

En IPv6 el MTU mínimo es de 1280 bytes mientras que el recomendado es de 1500 bytes. De aquí que requiera que todo enlace en la red tenga un MTU de al menos 1280 bytes; en el caso de enlaces de menor MTU es necesario implementar fragmentación a nivel de capa 2 de modo que sea transparente para IPv6.

El encabezado IPv6 soporta paquetes de hasta 65535 octetos o bytes. Son posibles paquetes aún más grandes (jumbogramas) implementando la extensión de encabezado salto por salto.

IPv6 reemplazó las funciones de fragmentación del paquete IPv4 (que genera una brecha de seguridad) por un procedimiento denominado PMTUD (Path MTU Discovery) para descubrir el MTU mínimo de una ruta entre origen y destino:

1. La terminal origen envía un paquete de tamaño igual al MTU de su capa de enlace de datos. Por ejemplo 1500 bytes.

2. El paquete es reenviado a través de la ruta hasta su destino. Si en la ruta hay una interfaz con menor MTU, el dispositivo envía al destino un mensaje de error tipo 2 en el que se incluye el MTU del enlace que está provocando el descarte.

3. El dispositivo origen envía un nuevo paquete con un tamaño igual al MTU que acaba de recibir.

4. El proceso se repite hasta que el paquete alcanza el destino.

5. El tamaño del último paquete que llega hasta el destino es utilizado como MTU de la ruta.

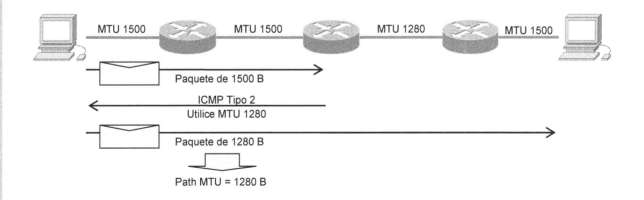

Adicionalmente, terminales y aplicaciones pueden no utilizar PMTUD y generar directamente paquetes "Guaranteed Not To Be Too Big" de 1280 bytes de longitud. Esto ahorra el tiempo necesario para PMTUD y reducen la sobrecarga de la red. La conveniencia o no de trabajar con paquetes más grandes o más pequeños dependerá de la aplicación de que se trate.

Procedimiento para el descubrimiento de vecinos

ICMPv6 incluye un conjunto de paquetes que permiten descubrir los dispositivos vecinos que están operando con IPv6 sobre el mismo enlace. Este proceso tiene varios objetivos:

- Determinar la dirección de capa de enlace de un vecino (En IPv6 no hay ARP).

- Encontrar un router en el mismo enlace.

- Detectar vecinos.

- Renumerar.

> ✎ El procedimiento para el descubrimiento de vecinos de ICMPv6 reemplaza al protocolo ARP de IPv4.

Para esto se usan diferentes tipos de paquetes ICMPv6 que utilizan direcciones de destino multicast:

- Tipo 133 - Router solicitation.

- Tipo 134 - Router advertisement.

- Tipo 135 - Neighbor solicitation.

- Tipo 136 - Neighbor advertisement.

- Tipo 137 - Redirect message.

El procedimiento de descubrimiento de vecinos es esencial para el proceso de elaboración de la comunicación extremo a extremo y se asienta en la utilización de direcciones multicast específicas que reciben la denominación de "solicited-node".

Toda interfaz sobre la que se implementa IPv6, una vez que tiene asignada una dirección de unicast participa también de un grupo de multicast específico denominado multicast solicited-node, generado de acuerdo a la siguiente lógica:

- Para cada dirección de unicast se genera una dirección multicast solicited-node.

- Las direcciones multicast solicited-node se conforman de la siguiente manera:

  o Son direcciones del rango de multicast que utilizan el prefijo FF02::1:FF/104

  o Los últimos 24 bits son los últimos 24 bits de la dirección de unicast asociada.

- o Por tratarse de una dirección multicast FF02::/16 estas direcciones sólo circulan dentro de un segmento y no son enrutadas. Es decir, no son reenviadas por dispositivos de capa 3.

- Cuando un nodo necesita descubrir la dirección MAC de un vecino IPv6 utiliza esta dirección como dirección de destino de los mensajes neighbor solicitation.

- Estas direcciones utilizan como MAC en entornos Ethernet un ID compuesto por los dígitos 33-33 y los últimos 32 bits de la dirección multicast.

- Ejemplo.

  - o Dirección unicast destino del paquete: 2001:DB8::20C:10FF:FE17:A123
    Es la dirección que provocará la generación de un paquete ICMP neighbor solicitation.

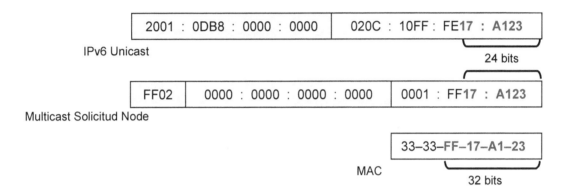

  - o Dirección multicast solicited-node: FF02::1:FF17:A123
    Es la dirección multicast que se utilizará como destino para el paquete neighbor solicitation.

  - o MAC destino de la trama Ethernet: 33-33-FF-17-A1-23
    MAC que se utiliza para encapsular la trama que contiene el paquete ICMP neighbor solicitation.

✐ Se trata de una MAC virtual que depende de la dirección IPv6 unicast. Toda placa Ethernet atiende MAC virtuales que inician como 33-33-FF.

```
Router#show ipv6 interface GigabitEthernet0/0
GigabitEthernet0/0 is up, line protocol is up
  IPv6 is enabled, link-local address is FE80::202:16FF:FE52:E601
  No Virtual link-local address(es):
  Global unicast address(es):
    2001:DB8:0:1:202:16FF:FE52:E601, subnet is 2001:DB8:0:1::/64 [EUI]
  Joined group address(es):
    FF02::1
    FF02::2
    FF02::1:FF52:E601
  [se omiten líneas]
```

En este caso, el ID de nodo de la dirección link local y el de la dirección global han sido derivados utilizando EUI-64 y por lo tanto son iguales. En consecuencia, como la dirección multicast solicited-node considera solo los últimos 24 bits hay un solo grupo de multicast para ambas direcciones.

```
Router# show ipv6 interface GigabitEthernet0/0
GigabitEthernet0/0 is up, line protocol is up
  IPv6 is enabled, link-local address is FE80::202:16FF:FE52:E601
  No Virtual link-local address(es):
  Global unicast address(es):
    2001:DB8:0:1:202:16FF:FE52:E601, subnet is 2001:DB8:0:1::/64 [EUI]
    2001:DB8:1:1::1, subnet is 2001:DB8:1:1::/64
  Joined group address(es):
    FF02::1
    FF02::2
    FF02::1:FF00:1
    FF02::1:FF52:E601
```

En este caso, se han configurado 2 direcciones globales en la misma interfaz. Por ese motivo ahora se muestran 2 grupos multicast solicited-node, uno para cada ID de interfaz.

✍ La implementación de las direcciones multicast sollicited-node evitan la necesidad de que todos los nodos de un segmento de red procesen una solicitud de información sobre direcciones MAC, como ocurre en el caso de IPv4 con ARP.

El procedimiento de descubrimiento de vecinos

Cuando un nodo requiere de una dirección de capa de enlace para encapsular un paquete IPv6 a un destino IPv6 definido, genera un mensaje ICMPv6 tipo 135 (neighbor solicitation) dirigido a la dirección multicast solicited-node correspondiente (que genera automáticamente utilizando los últimos 24 bits de la dirección IPv6 unicast de destino).

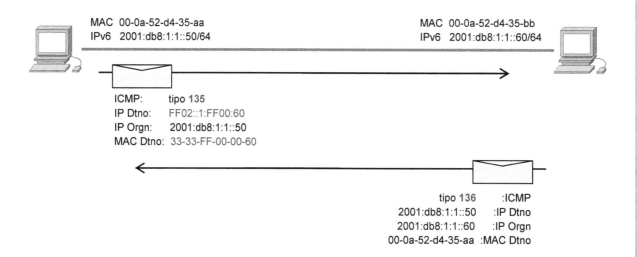

```
MAC  00-0a-52-d4-35-aa              MAC  00-0a-52-d4-35-bb
IPv6 2001:db8:1:1::50/64            IPv6 2001:db8:1:1::60/64
```

```
ICMP:    tipo 135
IP Dtno:  FF02::1:FF00:60
IP Orgn:  2001:db8:1:1::50
MAC Dtno: 33-33-FF-00-00-60
```

```
       tipo 136      :ICMP
2001:db8:1:1::50  :IP Dtno
2001:db8:1:1::60  :IP Orgn
00-0a-52-d4-35-aa :MAC Dtno
```

El nodo destino responde con un mensaje ICMPv6 tipo 136 (neighbor advertisement) dirigido a la IPv6 unicast que fue origen del mensaje tipo 135.

Esto suprime la necesidad de utilización de broadcast típica de ARP en IPv4.

> ✎ Este procedimiento de descubrimiento de vecinos utilizando mensajes ICMP reemplaza la operación del protocolo ARP en IPv4.

Verificación de accesibilidad

El mismo proceso se utiliza para verificar la accesibilidad de un vecino.

La diferencia básica es que en este caso la dirección de destino no es una dirección de multicast sino la misma dirección de unicast del vecino que ya es conocida.

Los mensajes tipo 136 (neighbor advertisement) también son utilizados cuando un nodo cambia su dirección de capa de enlace de datos (por ejemplo porque se acaba de clonar una dirección MAC). En ese caso el nodo cuya dirección ha cambiado envía un mensaje ICMP sin ningún requerimiento previo a la dirección multicast FF01::1 (todos los nodos IPv6 del segmento).

> ✎ El uso de paquetes ICMPv6 tipo 136 para notificar automáticamente cambios en la configuración IP reemplaza el procedimiento gratuitous ARP de IPv4.

Los mensajes tipo 136 incluyen 3 marcadores que indican el propósito del mensaje:

- R – Indica que el dispositivo que lo genera es un router.

- S – Indica que el mensaje es una respuesta a un mensaje tipo 135 (neighbor solicitation) previo.

- O – Indica que la información que se envía debe sobrescribir la entrada existente en el caché con información sobre vecinos.

Autoconfiguración stateless

El proceso de autoconfiguración stateless es una de las características propias de IPv6 que permite la autoconfiguración de los puertos sin necesidad de la presencia de un servidor en la red. Este procedimiento también está basado en la operación de ICMPv6.

- Los routers utilizan mensajes ICMPv6 tipo 134 (router advertisement).

  - Destino FF02::1.

  - Origen: dirección link-local del router.

  - Contenidos: prefijos, tiempo de vida, etc.

  - Estos mensajes se envían periódicamente o como respuesta a una solicitud.

- o Se pueden enviar uno o más prefijos.

- o Incluye un tiempo de validez. La asignación de prefijos con un tiempo de validez facilita las tareas de renumeración de la red.
En Cisco IOS:

  - El período de validez por defecto es 30 días.

  - El período de preferencia por defecto es 30 días.

- o Los marcadores indican el tipo de autoconfiguración que puede hacer el nodo.

- o Incluye la información del gateway.

- o Se puede incorporar información adicional de relevancia.

- El dispositivo que recibe el paquete tipo 134 enviado por el router lo utiliza para adoptar el prefijo /64 para asignar a la interfaz tanto las porciones tanto de red global como local, los 64 bits del nodo los deriva automáticamente el dispositivo.

- Los paquetes tipo 134 son enviados periódicamente por el router. Pero más allá de esto una terminal cuando se inicializa envía también un mensaje ICMPv6 para solicitar información de configuración:

  - o Tipo 133 (router solicitation).

  - o Destino FF02::2 (todos los routers en el dominio de broadcast).

  - o Los routers presentes en el segmento responden inmediatamente con un paquete tipo 134.

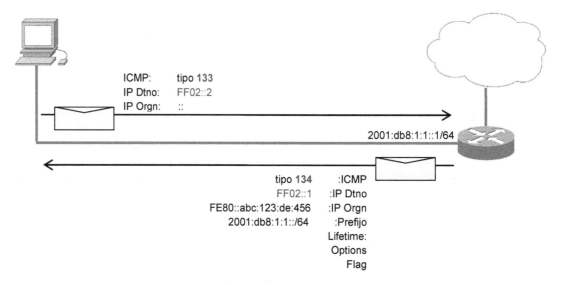

- o Este mensaje se envía solamente en el momento de inicializarse el dispositivo y hasta 3 veces. Esto está limitado para evitar inundar la red con estos mensajes cuando no hay un router presente.

- En la implementación actual de la autoconfiguración stateless no se incluye la configuración de un servidor DNS. Se está discutiendo un draft en la IETF para incorporar esta información en los mensajes tipo 134.

Este proceso está diseñado para posibilitar la implementación de IPv6 en redes en las que no hay acceso a un servicio DHCP y están compuestas por nodos tipo thin clients con pocos recursos de memoria y procesamiento.

Por ser una función básica de IPv6, no requiere recursos adicionales en los nodos y permite la implementación masiva de nodos con configuración IPv6 automática. Se suele utilizar en:

- Dispositivos móviles.

- Electrodomésticos.

- Sensores.

Es una implementación que genera poca carga de procesamiento en el plano de control.

Otros usos de ICMPv6

Duplicated Address Detection

Duplicated Address Detection (DAD) es un procedimiento que utiliza paquetes ICMPv6 tipo 135 (neighbor solicitation) durante los procesos de autoconfiguración para verificar si otro nodo en la red ya está utilizando la dirección IPv6 que ha definido utilizar antes de hacerla operativa. El nodo que verifica la disponibilidad de la dirección IPv6 envía un mensaje neighbor solicitation a la dirección multicast solicited-node utilizando como dirección origen la dirección no especificada (::) si es que aún no tiene una dirección link-local.

> ✎ Si el nodo no cuenta aún con una dirección link local verificada, la búsqueda utiliza como origen una dirección no especificada (::). Si ya cuenta con una dirección link local operativa, utiliza esa dirección como origen.

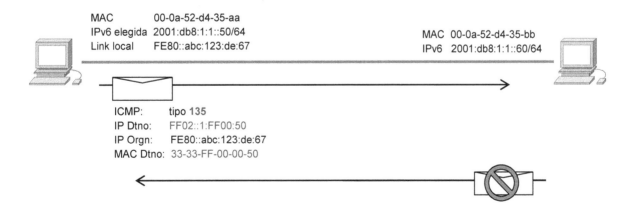

Si recibe respuesta a la solicitud, supone que la dirección IPv6 ya está en uso y descarta utilizar esa dirección. Buscará una nueva dirección IPv6 y verificará nuevamente si se encuentra disponible. Si no se recibe respuesta, se asume que la dirección en cuestión está disponible y pasa a utilizarse.

Este procedimiento se utiliza en los procesos de autoconfiguración para asegurar que se utilicen IDs de nodo únicos en el segmento de red.

Mensajes de echo

Ping es un programa incluido en la mayoría de los sistemas operativos que utiliza paquetes ICMP para realizar tareas de diagnóstico de la red. Como en ICMPv4, también está disponibles un ping de IPv6 que utiliza paquetes ICMPv6:

- Tipo 128 - echo request.

- Tipo 129 - echo reply.

Neighbor redirect

Los mensajes de neighbor redirect son enviados por un router gateway a la terminal origen de tráfico destinado a una red remota que tiene una mejor ruta accesible a través de otro router presente en el mismo segmento. Este mensaje tiene el propósito de redirigir los paquetes IPv6 a otro router en el mismo segmento que tiene una mejor ruta de salida de la red.

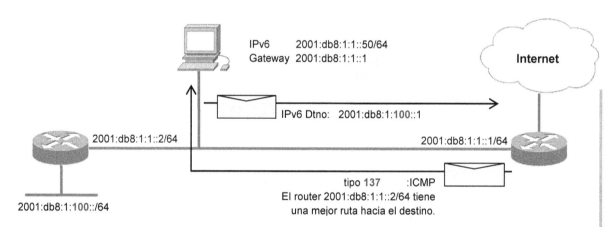

A continuación el nodo que recibe este mensaje envía los paquetes siguientes directamente a través del router con mejor ruta.

Como ocurre en el caso de IPv4, esta funcionalidad de redireccionamiento puede poner en riesgo la seguridad de la red por lo que se aconseja desactivarla.

Renumeración

También se utilizan mensajes ICMP en los procesos de renumeración.

- Utiliza mensajes ICMPv6 tipo 134 (router advertisement).

- Contienen 2 prefijos: el viejo y el nuevo.

- Reduce el tiempo de vida del prefijo viejo.

- El nodo durante un período de tiempo mantendrá 2 direcciones de unicast:

o   El prefijo que se abandona ya no se utiliza como dirección de origen
pero si permite recibir tráfico con ese destino.

o   El prefijo nuevo es el que se utiliza como origen y destino de tráfico.

o   Pasado el período de tiempo el prefijo viejo ya no se utiliza más y sólo
se publica el prefijo nuevo.

Este mecanismo de renumeración funciona en entornos que aplican autoconfiguración
stateless. Donde se empleen otros procedimientos de asignación de configuración a los
nodos deberá buscarse otros mecanismos.

Comandos relacionados al descubrimiento de vecinos en Cisco IOS

> ✎ Para la descripción de procedimientos de configuración y
> comandos se considera Cisco IOS 15.4(2)S y IOS XE
> 03.12.00.S.

> ✎ Por defecto, Cisco IOS publica todos los prefijos /64 que
> tiene configurados en las interfaces multiacceso del router.

```
Router# configure terminal
Router(config)#interface [interfaz]
Router(config-if)#ipv6 nd prefix [prefijo] [válido] [preferido]
```
Permite especificar explícitamente cuál o cuáles son los prefijos
a publicar en los mensajes tipo 134.

Adicionalmente se pueden aplicar diferentes períodos de vida de
las direcciones [válido] y [preferido] expresado en segundos,
fechas de utilización, etc.

```
Router(config-if)#ipv6 nd prefix default [válido] [preferido]
```
Define parámetros por defecto para todos los prefijos que se
publiquen en los mensajes tipo 134 a través de esta interfaz.

```
Router(config-if)#ipv6 nd prefix [prefijo] no-autoconfig
```
Excluye un prefijo específico de los que se incluyen en los
mensajes tipo 134 que se envían a través de esta interfaz.

```
Router(config-if)#ipv6 nd prefix [prefijo] no-advertise
```
Excluye un prefijo para que no sea incluido en las publicaciones
de mensajes tipo 134 que se hacen a través de esta interfaz.

```
Router(config-if)#ipv6 nd ra suppress all
```
Bloquea el envío de paquetes tipo 134 a través de la interfaz.

> ✎ La definición de prefijos que se publican y valores asociados
> a la publicación se realiza interfaz por interfaz.

> ✎ Cisco IOS por defecto envía paquetes router advertisements
> sobre enlaces multiacceso; NO hace publicaciones por
> defecto sobre enlaces punto a punto.

Implementación de renumeración

Por defecto los routers publican utilizando mensajes ICMPv6 tipo 134 todos los prefijos (de todo tipo salvo link local) que están configurados en sus interfaces multiacceso, con los parámetros definidos por defecto.

Los parámetros por defecto pueden ser modificados en cada interfaz. Para desarrollar el mecanismo de renumeración desarrollaré un ejemplo.

En la interfaz LAN del router del ejemplo se han modificado los períodos de vigencia de un prefijo de unicast global que se publica a través de esa interfaz:

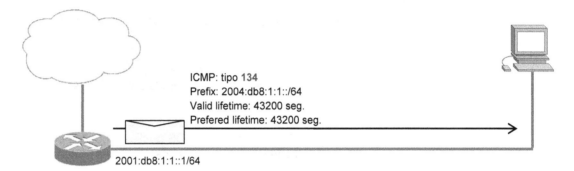

Router(config)#interface Gi0/0
Router(config-if)#ipv6 nd prefix 2001:db8:1:1::/64 43200 43200

- El período "válido" es el tiempo que la dirección derivada en el host permanecerá como válida para ese host, pasado ese tiempo la dirección será inválida. El valor por defecto en Cisco IOS es de 30 días.

- El período "preferido" es el período de tiempo por el que esa dirección permanecerá como preferida para ser utilizada como origen de los paquetes. El período de tiempo definido como "preferido" debe ser igual o menor que el definido como "válido". El valor por defecto en IOS es de 7 días.

En nuestro ejemplo se requiere ahora renumerar el segmento de red utilizando ahora el prefijo 2001:db8:a:a::/64. Para esto hay 2 posibilidades:

1. Renumeración utilizando los temporizadores.

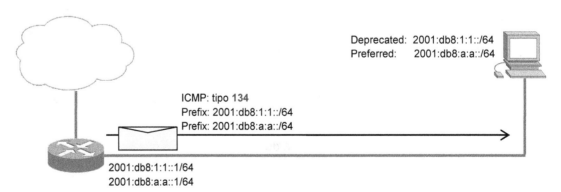

Router(config)#interface Gi0/0
Router(config-if)#ipv6 nd prefix **2001:db8:1:1::/64 43200 0**
Router(config-if)#ipv6 nd prefix **2001:db8:a:a::/64 43200 43200**

En este caso cambiamos los temporizadores que afectan a cada uno de los prefijos (el que se retira y el que se agrega), de modo tal que el prefijo a retirar deje de ser preferido y comience a publicarse y preferirse el nuevo prefijo:

De esta forma el host tendrá por un tiempo 2 prefijos: el que está siendo retirado que no se utiliza ya para iniciar nuevas sesiones (esto permite que las conexiones existentes persistan durante el proceso de renumeración), y el que se agrega para ser utilizado en sesiones que se inician a partir de ahora.

2. Renumeración utilizando fecha de caducidad

También es posible realizar el cambio fijando utilizando en reemplazo de un período de tiempo, una fecha y hora de caducidad para la validez y la preferencia del prefijo que se está retirando:

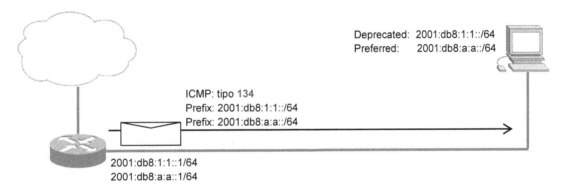

```
Router(config)#interface Gi0/0
Router(config-if)#ipv6 nd prefix 2001:db8:1:1::/64 at oct 20 2015 23:59 oct 15 2015 23:59
Router(config-if)#ipv6 nd prefix 2001:db8:a:a::/64 43200 43200
```

El criterio debe ser el mismo: la preferencia del prefijo debe caducar antes que su validez.

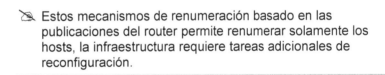

Estos mecanismos de renumeración basado en las publicaciones del router permite renumerar solamente los hosts, la infraestructura requiere tareas adicionales de reconfiguración.

Resolución de problemas en IPv6

Al momento de diagnosticar problemas de conectividad en redes IPv6 Cisco IOS ofrece herramientas semejantes a las que ya conocemos para entornos IPv4:

- Comandos de monitoreo: `show`

- Comandos para verificación de la operación: `debug`

- Programas para diagnóstico de conectividad: `ping`, `tracert`.

Comandos show

En términos generales, los comandos de monitoreo propios de IPv6 son semejantes a los utilizados en redes IPv4, con la diferencia de que en el comando se incluye el keyword `ipv6`.

Como ocurre con todos los comandos `show`, están disponibles en modo privilegiado, y en modo usuario solamente hay un set reducido. Por otra parte, en modo configuración o alguno de los submodos se pueden ejecutar comandos `show` anteponiendo el keyword `do`.

`Router#show ip interface [interfaz] [tipo]`

Permite verificar el estado y configuración de interfaces en las que se ha habilitado el protocolo IPv6.

✎ Hay que recordar que IPv6 no se encuentra habilitado por defecto en las interfaces de los dispositivos, sino que se debe habilitar interfaz por interfaz.

`Router#show ip interface brief`

Muestra una tabla que sintetiza el estado y configuración IPv6 de las interfaces del dispositivo.

`Router#show ipv6 neighbors`

Permite verificar los vecinos IPv6 detectados utilizando el mecanismo de neighbor discovery a través de cada interfaz en la que se ha activado el protocolo IPv6.

```
IPv6 Address            Age Link-Layer Addr   State   Interface
FE80::237:AFF:FE00:4A58 35  0237.0a00.4a58    REACH   GigabitEthernet0/0
2001:DB8:1:1::1          0   0237.0a00.4a58    REACH   GigabitEthernet0/0
```

Comandos debug

Los comandos debug muestran eventos en el dispositivo, tienen máxima prioridad para su procesamiento, y por defecto se envían solamente a la terminal conectada al puerto consola.

`Router#debug ipv6 packet`

Muestra eventos provocados por paquetes IPv6.

`Router#debug ipv6 icmp`

Muestra eventos generados por paquetes ICMPv6, salvo los correspondientes al mecanismo de neighbor discovery, para el que hay un debug específico.

`Router#debug ipv6 nd`

Muestra los eventos correspondientes a paquetes ICMPv6 utilizados en el proceso de neighbor discovery.

`Router#debug ipv6 routing`

Permite verificar eventos generados en la tabla de enrutamiento IPv6.

Ping en IPv6

Como ocurre en IPv4, la herramienta disponible universalmente para verificar conectividad a nivel de capa de red es el `ping`.

En el caso de IOS, el comando de ejecución es el mismo que en IPv4. El sistema operativo detecta automáticamente que se trata de IPv4 o IPv6 en función de la dirección destino. El resultado de la ejecución del comando se lee de la misma forma que en IPv4.

```
Router#ping 2001:db8:1:1::100

Type escape sequence to abort.
Sending 5, 100-byte ICMP Echos to 2001:db8:1:1::100, timeout is 2
seconds:
!!!!!
Success rate is 100 percent (5/5), round-trip min/avg/max = 1/1/1 ms
```

> ✎ También es posible ejecutarlo desde el `ping` extendido seleccionando como protocolo `ipv6`.

Laboratorios

Topología

Todos los laboratorios presentados en este manual pueden ser realizados utilizando un laboratorio conformado por 3 routers Cisco dotados con sistema operativo Cisco IOS 15.2 o superior y 3 terminales conectadas con sistema operativo Microsoft.

Los routers pueden ser dispositivos físicos (routers Cisco 1900 o superiores) o virtuales (CSR 1000v), del mismo modo, los terminales pueden ser máquinas virtuales.

La topología utilizada es la siguiente:

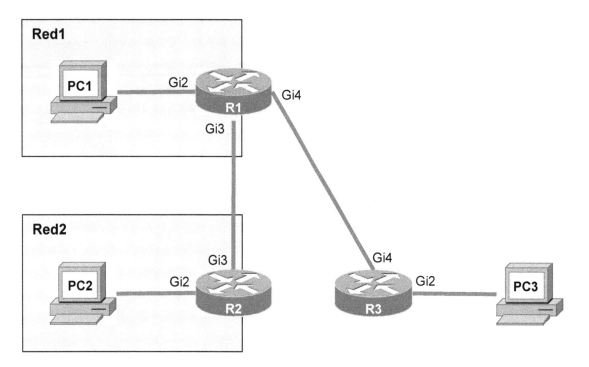

El esquema de direccionamiento propuesto es el siguiente:

Dispositivo	Interfaz	IPv4	IPv6
R1	Gi2	192.168.1.1/24	2001:db8:1:1::1/64
			2001:db8:1:1001::1/64
	Gi3	192.168.101.1/30	2001:db8:1:a::1/64
	Lo1	--	2001:db8:1:100::1/64
	Lo2	--	2001:db8:1:200::1/64
	G4	--	2001:db8:1:300::2/64
R2	Gi2	192.168.2.1/24	2001:db8:2:1::1/64
	Gi3	192.168.101.2/30	2001:db8:1:a::2/64

Dispositivo	Interfaz	IPv4	IPv6
	Lo1	--	2001:db8:2:100::1/64
	Lo2	--	2001:db8:2:200::1/64
R3	G2	192.168.3.1/24	2001:db8:10:1::1/64
	G4	--	2001:db8:1:300::1/64
PC1	Lab	192.168.1.2/24	2001:db8:1:1::f/64 2001:db8:1:1001::f/64
PC2	Lab	192.168.2.2/24	2001:db8:2:1::f/64
PC3	Lab	192.168.3.2/24	2001:db8:10:1::f/64

Lab 2-1 – Neighbor Discovery

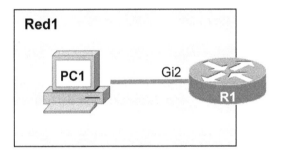

En un primer paso vamos a configurar y verificar la operación del mecanismo de router advertisement.

1. Ingrese a la PC1.
   Acceda a la configuración TCP/IP de la placa de red conectada al Router R1 y remueva todo direccionamiento estático que pudiera encontrar.

2. Acceda a la consola del Router R1

   a. Verifique la configuración IPv4 de las interfaces

   b. Verifique la tabla de enrutamiento IPv4.

   c. Habilite el enrutamiento de unicast IPv6 en el dispositivo.

   d. Habilite IPv6 en la interfaz Gi2.

   e. Verifique que la interfaz haya tomado dirección IPv6 link local.

   f. Configure direccionamiento IPv6 global en la interfaz Gi2. Utilice con este propósito la información proporcionada en el apartado "Topología".

   g. Verifique el estado de las interfaces utilizando el comando `show ipv6 interface brief`.

h. Verifique el enrutamiento IPv6 utilizando el comando `show ipv6 route`.

i. Deshabilite en la interfaz Gi2 la publicación de router advertisements.

3. Habilite el debug de los eventos de neighbor discovery.

4. En la interfaz Gi1 configure ahora la publicación de router advertisements utilizando el prefijo 2001:db8:1:1::/64 utilizando un lifetime de 600 segundos tanto como tiempo de preferencia como de validez.

5. Defina el intervalo entre mensajes router advertisement en 30 segundos.

6. Elimine el bloqueo de router advertisements de la interfaz Gi2 que aplicó en el paso 2.i.

7. Deberá ver los mensajes de eventos generados por el debug

8. En la PC1 verifique la asignación automática de direcciones IPv6 globales.

9. Verifique la conectividad ente router y PC utilizando el comando ping.

Renumeración de la red

A continuación vamos a reconfigurar la interfaz del router agregando un nuevo espacio de direccionamiento ajustando los parámetros de publicación del mismo.

1. En la interfaz Gi2 de R1 configure una segunda dirección global correspondiente ahora al prefijo 2001:db8:1:1001::/64

2. Configure la publicación de router advertisements para este nuevo prefijo utilizando un lifetime de 300 segundos tanto como tiempo de preferencia como de validez.

3. Modifique la publicación de router advertisements del prefijo 2001:db8:1:1::/64 llevando su lifetime de preferencia a 0 (cero).

4. Verifique ahora la configuración IPv6 de la PC1, donde el prefijo 2001:db8:1:1::/64 debe aparecer como "deprecated".

Comandos a considerar

```
Router(config-if)#ipv6 nd ra supress
Router(config-if)#ipv6 address [dirección]
Router(config-if)#ipv6 nd prefix [prefijo][válido] [preferido]
Router(config-if)#ipv6 nd ra interval [segundos]
Router#debug ipv6 nd
Router#undebug all
```

Servicios IPv6

✎ Las abreviaturas y siglas utilizadas en este manual son de
conocimiento común en la industria. Puede encontrar un
desarrollo de cada una de ellas en el Glosario de Siglas y
Términos de Networking que está publicado en línea en la
Librería de EduBooks y es de acceso libre:
https://es.scribd.com/doc/292165924/Glosario-de-Siglas-y-
Terminos-de-Networking-version-1-0

Las redes IPv4 en la actualidad son mucho más que simples "redes de datos". Sobre
nuestras redes IP se ofrecen multiplicidad de servicios que soportan tanto la actividad de
organizaciones comerciales, educativas y gubernamentales como la de particulares que
utilizan la red para su estudio, trabajo, esparcimiento, etc.

Es por esto sumamente importante verificar cómo trasladamos esos servicios
actualmente desplegados en redes IPv4 a las nuevas redes IPv6 que se están
implementando.

IPv6 mobility

El avance de los sistemas de comunicaciones sobre redes IP (tanto comunicaciones de
voz como video) y el despliegue creciente de dispositivos móviles exige una
infraestructura de red que permita esta movilidad. En este sentido, IPv6 incorpora
servicios de movilidad diseñados explícitamente para dar respuesta a este requerimiento
y es uno de los impulsores para su despliegue.

Introducción a la movilidad sobre redes IP

En la actualidad IP mobility es la única solución para mantener la conectividad en
dispositivos que transitan a través de múltiples redes de acceso, que por ejemplo pasar
de la red 4G a la red inalámbrica (802.11) y de allí a la red cableada. En estos casos, y
para que esto sea posible, los dispositivos terminales debieran estar siempre accesibles
con su dirección IP inicial.

Esto requiere que el terminal pueda pasar de una red de acceso a otra de modo
transparente, manteniendo su conexión. Debe ser transparente tanto para el usuario que
se desplaza con su dispositivo móvil como para los dispositivos con los que se está
comunicando.

IP Mobility se basa en un conjunto de conceptos específicos:

- Home network.
  Red en la cual se conecta inicialmente el nodo móvil y en la cual recibe una
  dirección IP que lo identifica.
  La dirección IP del nodo móvil es una IP correspondiente al segmento IP de la
  home network.

- Home agent.
  Gateway (router) a través del cual el nodo móvil mantiene su comunicación
  activa cuando se encuentra en otros segmentos de red que no son su red inicial.

Es el default gateway original del nodo móvil y representa al mobile node en el home link cuando se ha desplazado. Por esto, responde los requerimientos de DAD y los mensajes network solicitation que se hacen a la home address del nodo móvil.

En él se registra el nodo móvil con su care-of address cuando se desplaza hacia el foreign link.

Mientras el nodo móvil esté fuera de su home link el home agent intercepta el tráfico que tiene como destino la home address del nodo móvil y lo coloca en un túnel que tiene como destino la care-of address correspondiente.

- Mobile node.
  Dispositivo identificado con una dirección IPv6 que se desplaza desde la home network hacia otros segmentos de red manteniendo su identidad IP original. Cuando el nodo móvil se desplaza, cambia su localización pero no cambia su identidad. En función de esto el mobile node se registra con su home agent desde su nueva localización para que el home agent genere un túnel hasta el modo móvil para enviarle los paquetes que están dirigidos a su home link.

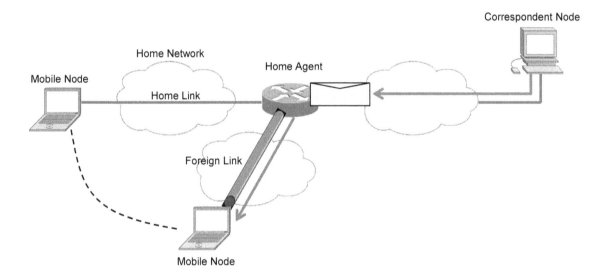

- Home link.
  Prefijo que identifica el enlace inicial sobre el cual se establece conectividad entre el nodo móvil y el home agent.
  Todo el tráfico que tiene como destino el nodo móvil es enrutado a través de Internet hacia este home link.

- Foreign link.
  Segmento de red diferente al home link, al cual se ha desplazado el nodo móvil.

- Home address.
  Dirección unicast ruteable asignada al nodo móvil y utilizada como dirección permanente de ese nodo. Es una dirección perteneciente al segmento del home link.
  Un dispositivo móvil puede contar con múltiples home address.

- Care-of address.
  Dirección de unicast ruteable asociada con el nodo móvil mientras se encuentra en el foreign link.
  Si bien es posible que un nodo móvil reciba varias CoA en el foreign link, en el

home agent se registrará una de esas direcciones como asociada a la home address, y recibe el nombre de CoA primaria.

> ✎ Conceptualmente podemos concebir el home agent como un gestor de túneles IPv6. El home agent es un punto fijo para estos túneles que terminan en otro extremo que está en movimiento, el mobile node.

> ✎ Mobile IPv6 está descripto en el RFC 3775.

Movilidad en entornos IPv6

IPv6 ofrece características propias al despliegue de IP mobility:

- La utilización de prefijos /64 brinda un espacio de direccionamiento muy amplio, lo que asegura que en el foreign link siempre haya espacio de direccionamiento disponible para recibir nuevos nodos.

- La implementación de movilidad en IPv6 se ve facilitada por un conjunto de prestaciones nativas del protocolo: las extensiones del encabezado, el proceso de neighbor discovery, el de autoconfiguración, etc.

- El nodo móvil utiliza paquetes ICMPv6 para descubrir el home agent cuando se desplaza hacia el foreign link, por lo que es esencial que esté permitido el tráfico de ICMPv6 en los firewalls de la ruta.

- Dada la estructura de encabezado de IPv6, la tasa de overhead que se genera para dar soporte a la movilidad es menor que en redes IPv4.

Mensajes ICMPv6 involucrados

Tipo	Mensaje	Función
144	Home Agent Address Discovery Request	Control
145	Home Agent Address Discovery Reply	Control
146	Mobile Prefix Solicitation	Control
147	Mobile Prefix Advertisement	Control

Operación de mobile IPv6

El punto de partida del proceso es una terminal (mobile node) conectada a un segmento de red del que ha recibido su prefijo IPv6 (home link).

Paso 1. Adquisición de una Care-off Address

El mobile node cambia su localización desplazándose a un nuevo segmento (foreign link) de red en el cual obtiene una dirección IPv6 CoA correspondiente al segmento actual sea por autoconfiguración stateless o stateful.

De esta manera el nodo móvil tiene ahora una CoA correspondiente al prefijo del foreign link en el que se encuentra.

Paso 2. Registro de la CoA primaria

El nodo móvil utiliza una actualización de asociación de IPv6 móvil para registrar su CoA primaria con el router que opera como gateway de su home link. De esta manera el router se constituye en home agent para el nodo móvil.

El home agent enviará una confirmación al nodo móvil y establecerá un túnel IPv6 en IPv6 entre el home agent y el nodo móvil. De esta manera la red local home link del nodo móvil se "extiende" hasta la nueva localización del nodo de modo que sigue participando del intercambio de información del home link aun cuando está fuera de él a través del mecanismo denominado "mobile prefix discovery". El nodo móvil sigue apareciendo como en el link local para los dispositivos vecinos en el mismo segmento.

Mobile IPv6 provee soporte para la utilización de múltiples home agents, y un soporte limitado para procesos de reconfiguración de la home network.

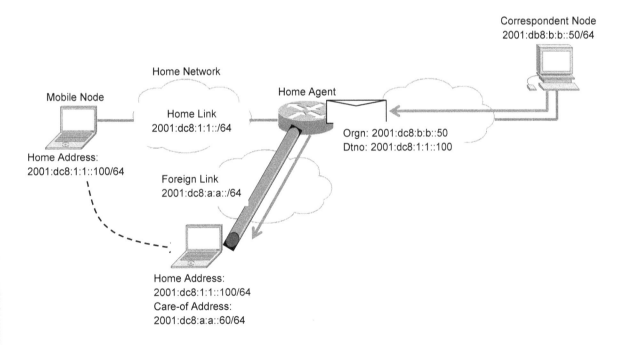

Paso 3. Los paquetes del correspondent node se rutean hacia el home agent

Al generarse el túnel entre el nodo móvil y el home agent, este puede ser unidireccional o bidireccional.

Cuando se utiliza un túnel bidireccional, el correspondent node responde de modo estándar enrutando su tráfico con destino al mobile node a través del home agent. El home agent intercepta todo tráfico con destino a la home address del nodo móvil y lo inserta en el túnel que comunica con la dirección CoA primaria del nodo móvil. En este túnel se utiliza encapsulación IPv6.

Paso 4. Los paquetes se tunelizan desde el nodo móvil

Los paquetes generados por el nodo móvil que tienen como destino el correspondent node son a su vez tunelizados desde el nodo móvil hacia el home agent, desde donde son ruteados normalmente hacia el correspondent node.

Optimización de rutas

En redes IPv6 es posible implementar optimización de rutas. Para esto es necesario que el nodo móvil no solo registre su CoA con el home agent, sino también con el correspondent node. De esta manera, los paquetes que tienen como destino el mobile node pueden ser ruteados desde el correspondent node directamente hacia el mobile node.

En este caso, el correspondent node, antes de enviar un paquete a cualquier destino IPv6 verifica su caché de asociación de direcciones, si encuentra una coincidencia con la dirección home address, entonces utiliza un encabezado extendido de enrutamiento para enrutar el paquete directamente hacia el mobile node a través de la CoA indicada en la tabla de asociación.

Este procedimiento permite utilizar un camino más corto y directo ente el correspondent node y el mobile node; al mismo tiempo que reduce la posible congestión en el home agent o el posible impacto de una falla en él.

Algunas consideraciones

- Si bien la optimización de rutas es parte de Mobile IPv6 no necesariamente está soportada en todas las implementaciones de IPv6.

- Cuando no se utiliza optimización de rutas solamente el home agent conoce la verdadera localización del nodo móvil. Cuando se utiliza optimización de rutas, en cambio, el correspondent node tiene la información de la CoA y por lo tanto conoce la verdadera localización del nodo móvil.

- Cuando es un problema de seguridad que resida en el correspondent node la información que muestra la localización del nodo móvil (CoA) se debe desactivar la opción de optimización de rutas.

En el encabezado IPv6

Cuando se aplica optimización de rutas para mobile IPv6, el correspondent node utiliza una extensión de encabezado de enrutamiento para enviar paquetes hacia el mobile node.

Siguiendo la asignación de direcciones del ejemplo anterior, la estructura de ese encabezado sería la siguiente:

1   32

	Próximo encabezado **43**	

IPv6 de origen

2001:db8:b:b::50

IPv6 destino (Care-of Address)

2001:dc8:a:a::60

| Próximo encabezado = 6 | | |

Reservado

Home Address

2001:db8:1:1::100

Datos

Del mismo modo, el mobile node utiliza en el encabezado IP como origen la dirección CoA e incluye la home address incorporando una extensión de encabezado con opciones de destino. De esta manera es transparente tanto el tráfico en un sentido como en el otro.

1   32

	Próximo encabezado **60**	

IPv6 origen (Care-of Address)

2001:dc8:a:a::60

IPv6 de destino

2001:db8:b:b::50

Próximo encabezado = 6			
Reservado			
Home Address 2001:db8:1:1::100			
Datos			

Dinamic Home Agent Address Discovery

Procedimiento implementado por el nodo móvil para descubrir un dispositivo que le sirva como Home Agent en su Home Link cuando se requiere enviar una actualización en su CoA.

Cuando un dispositivo móvil se encuentra fuera de su home link y se desplaza de un foreign link hacia otro, recibe una nueva CoA correspondiente el foreign link nuevo y en consecuencia necesita registrar esa nueva CoA con su home address (update binding) en un home agent de su home link.

Ahora bien, es posible que mientras el nodo móvil se encuentra fuera de su home link, el home agent con el cual se registró inicialmente haya sido reemplazado o reconfigurado, con lo cual el nodo móvil necesita entonces descubrir la dirección del nuevo home agent en su home link. Con este propósito el nodo móvil envía un mensaje ICMP de solicitud de descubrimiento de la dirección de un home agent (ICMP tipo 144) dirigido a la dirección anycast de los mobile IPv6 home agents.

> ✍ Dirección anycast mobile IPv6 home agents:
> Dirección anycast perteneciente a un segmento IPv6 que posee los 64 bits del nodo en 1 excepto los últimos 7 bits que son 01111110.
> Por ejemplo: 2001:db8:1:1:ffff:ffff:ffff:7e

El home agent que recibe esta solicitud responde con un mensaje ICMP tipo 145 en el que se indica la lista de direcciones unicast de los home agents que se encuentran operativos en el home link.

Recibida la información el nodo móvil envía la actualización de su registro de direcciones a cualquiera de las direcciones unicast que recibió en la respuesta.

Este procedimiento, si bien posibilita mantener actualizada la información de los nodos móviles sin necesidad de que regresen al home link es una brecha de seguridad ya que los mensajes no utilizan ningún tipo de autenticación. Por este motivo en implementaciones que requieren seguridad de alto nivel este feature puede ser deshabilitado.

Retorno a la Home Network

El nodo móvil determina que ha regresado a su home link cuando detecta que el prefijo de su home link es nuevamente aquel en el que se encuentra localizado.

Cuando se detecta esta situación, el nodo móvil debe enviar una actualización al home agent indicando que ya no es necesario que intercepte el tráfico que lo tiene como destino y lo envíe por el túnel IPv6. Esta actualización se envía utilizando la home address como dirección de origen.

Concluido el proceso de notificaciones y confirmaciones el nodo móvil notifica al home agent que debe cesar en su operación como tal para este nodo, lo que significa que el home agent ya no representa al nodo móvil para responder procesos DAD, ni tampoco responde los mensajes ICMPv6 neighbor solicitation correspondiente a la home address del nodo móvil. De esta manera, terminado el proceso, el nodo móvil será el único en recibir paquetes dirigidos a su home address.

Implementaciones de IPv6 mobile

IPv6 mobile está pensado explícitamente para dar soporte a dispositivos móviles tales como computadoras portátiles, tablets o smartphones. Sin embargo, no solo hay dispositivos móviles sino también redes móviles.

Las redes móviles tienen diferentes tamaños y pueden llegar a conectar miles de dispositivos. Las especificaciones de IPv6 mobility no prevén redes móviles, sin embargo también es posible darles soporte.

Network Mobility (NEMO)

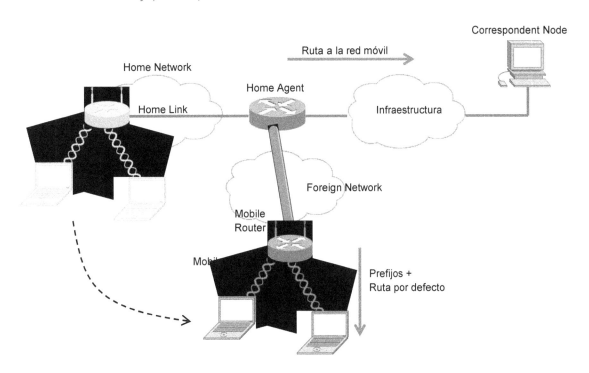

Se trata de una red móvil que se conecta a través de un router móvil a diferentes puntos de acceso de la infraestructura de comunicaciones. En este caso, el único punto de acceso a la red móvil es el router móvil, responsable de gestionar la conectividad.

- La red móvil tiene al menos un router móvil.

- El router móvil es el responsable de mantener un túnel bi-direccional con el home agent, el cual publica rutas a la red móvil hacia la infraestructura.

- El router móvil es además el gateway de la red móvil.

- El router móvil publica uno o más prefijos dentro de la red móvil y una ruta por defecto.

✎ Network Mobility está definido en el RFC 3963. Está soportado en Cisco IOS.

De esta manera NEMO posibilita que un segmento de red conectado a Internet IPv6 pueda desplazarse, alternando su punto de conexión a Internet, pero manteniendo la comunicación.

En este caso, el que adquiere una CoA de la red huésped (Foreign Network) es el router móvil, el que utilizando esta dirección se registra contra el home agent para asociar la CoA adquirida con la home address del router móvil.

Los paquetes que tienen como destino la red móvil son reenviados al router móvil que actúa como puerta de acceso a esa red.

Dual Stack Mobile IPv6 (DSMIPv6)

Esta implementación es en palabras simples, una adaptación de NEMO que permite operar en modo dual-stack para permitir tanto que los nodos de la red móvil utilicen direcciones IPv4, como conectar la red remota al home agent a través de redes IPv4.

De esta manera:

- Los nodos móviles pueden contar con direccionamiento IPv4 e IPv6. Se soportan simultáneamente (dual stack) home address IPv4 e IPv6, del mismo modo que CoA IPv4 e IPv6.

- Se debe conocer tanto la dirección IPv4 como la IPv6 del home agent.

- Es necesario detectar la presencia de dispositivos NAT en la ruta hacia el home agent para poder atravesarlo.

✎ DSMIPv6 está descripto en el RFC 5555.

Mobile Ad Hoc Networking (MANET)

Las redes móviles ad hoc son redes generadas dinámicamente por dispositivos terminales inalámbricos móviles (por ejemplo sensores) que incorporan las funcionalidades de enrutamiento en los mismos nodos. Sus características principales son:

- La estructura de la red cambia dinámica y rápidamente.

- La conectividad no es necesariamente continua. Es posible que los nodos pierdan conexión a la red por momentos.

- Son redes de poca capacidad de ancho de banda.

- El alcance de las conexiones inalámbricas es bajo.

En este tipo de redes los nodos se organizan dinámicamente ente sí conformando una malla inalámbrica hasta llegar a un punto de conexión con la infraestructura de comunicaciones.

Para su operación y selección de los caminos más adecuados hacia la infraestructura se implementan protocolos de enrutamiento como OSPFv3, EIGRP e IPv6 RPL.

Estas redes reciben también la denominación de LLN (Low-power Lossy Network) y se caracterizan por estar constituidas por dispositivos con baja capacidad de procesamiento con radios de alcance limitado.

> ✎ Cisco IOS implementa extensiones para OSPFv3 y EIGRP para soportar MANET dado que RPL está aún en estado de draft.

IPv6 Personal Area Networks

Se trata de un conjunto de dispositivos separados por muy cortas distancias e interconectados con un dispositivo también móvil que asegura acceso a Internet y que opera como un router móvil que conecta a la infraestructura.

Este tipo de redes permite conectar todo tipo de dispositivos terminales: sensores, laptops, tablets, etc. En muchos casos es posible que un teléfono celular con acceso a Internet opere como router móvil.

DNS en entornos IPv6

El direccionamiento IP es el corazón del funcionamiento actual de Internet y la mayoría de las redes de comunicaciones. Una dirección IP permite identificar y localizar inequívocamente un nodo cualquiera en la red global (Internet).

Sin embargo, diversas circunstancias hacen que en términos generales no utilicemos habitualmente las direcciones IP para identificar un nodo de destino. El usuario final habitualmente no utiliza direcciones IP en su navegador de Internet o su correo electrónico.

El servicio de DNS permite responder a la necesidad de los usuarios que habitualmente identifican personas y lugares por su nombre, no por un número que nos suena anónimo y difícil de recordar. En este sentido, los servicios DNS nos permiten definir nuestros destinos en la red utilizando nombres y no direcciones IP.

DNS es el protocolo que nos permite reemplazar el uso por parte del usuario final de direcciones IP por nombres para identificar los nodos. Habitualmente reciben la misma denominación tanto la base de datos de nombres como el protocolo utilizado para acceder a esa base de datos.

Se trata de un protocolo de capa de aplicación que utiliza el puerto 53 tanto TCP como UDP en la capa de transporte. Las consultas estándar utilizan el puerto 53 de UDP.

DNS en redes IPv6

El protocolo DNS ha sido actualizado para soportar no sólo la traducción de nombres a direcciones IPv4 sino también a IPv6. Esta actualización supone:

- Habilitar la traducción de nombres por direcciones IPv6.

- Habilitar los servidores para comunicarse utilizando IPv6 como protocolo de capa de red para el transporte de la información.

Los servidores DNS mantienen una única base de datos que relaciona los nombres de dominio con las direcciones IP que han de utilizarse para establecer las comunicaciones. Esta base de datos está compuesta por registros. Dependiendo del tipo de registro se almacena diferente información:

- Registros A.
  Para mapear nombres a direcciones IPv4.

- Registros AAAA.
  Para mapear nombres a direcciones IPv6.

Hay 2 tipos de búsquedas que se realizan regularmente contra los servidores DNS:

- Forward Lookup.
  A partir de un nombre de dominio proporciona una dirección IPv4 o IPv6.
  La operación se completa utilizando los registros A y AAAA.

- Reverse Lookup.
  A partir de una dirección IP proporciona el nombre de dominio.
  Para esta operación se utilizan registro PTR (pointer).

Para dar soporte DNS a implementaciones IPv6 se requiere:

- Actualizar cliente y servidor DNS para aceptar registros en formato IPv6.

- Actualizar cliente y servidor para operar (transportar) sobre IPv6 e IPv4.

No es necesario que estas 2 actualizaciones se realicen al mismo tiempo. Es posible actualizar los registros para soportar direcciones IPv6 aun cuando el intercambio de información entre cliente y servidor se realice utilizando paquetes IPv4. Esto asegura servicio DNS IPv6 solamente para clientes y servidores dual-stack.

La estructura jerárquica de DNS

La estructura jerárquica o de "árbol" de los servidores DNS es la misma para la red IPv4 y la red IPv6:

- DNS root servers.
  Son la cumbre de la jerarquía DNS.
  En realidad se trata de 13 clusters de servidores que utilizan direccionamiento anycast administrados por diferentes organizaciones, operando sobre diferentes plataformas y con una dispersión geográfica importante.
  Estos servidores no contienen los registros de nombre, sino la dirección de los TLD (Top Level Domain servers).

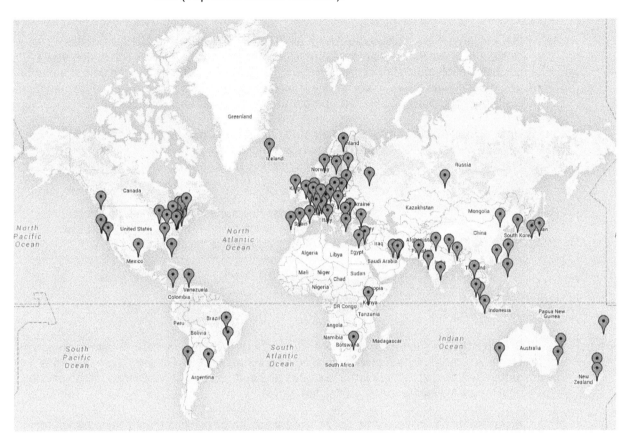

- Servidores DNS secundarios.
  Se trata de servidores mantenidos por organizaciones gubernamentales, empresas, universidades y otras organizaciones. Son los que se ocupan de dar respuesta directa a los usuarios.

  o Servidores DNS autoritativos primarios.
    Son los que resuelven los dominios de alto nivel tales como .com, .org, .ar, etc.

  o Servidores DNS autoritativos secundarios.
    Son los que resuelven cada dominio final, tal como ejemplo.com.ar.
    Típicamente los servidores autoritativos secundarios están alojados en un dispositivo diferente que los primarios.

  o Copias caché de las consultas DNS.
    Los servidores DNS locales, implementados dentro de las redes corporativas o de service providers guardan en una porción de memoria una tabla con el resultado de las consultas realizadas a solicitud de los usuarios.
    Son los que responden en primera instancia las consultas de los

clientes. Si no encuentran respuesta en su caché entonces realizan la consulta a través de la jerarquía DNS.

Los registros mantenidos en los root servers para cada dominio tienen al menos una dirección IPv4 para el servidor autoritativo. Además de esto pueden contener más de una dirección IPv4 y varias direcciones IPv6. Esto evita que servidores que tienen copias caché y sólo soportan IPv4 puedan ser referidos a servidores autoritativos que sólo soportasen IPv6.

IANA incorporó los registros AAAA en el año 2008. A octubre de 2015, 11 de los 13 clusters de root DNS servers ya están accesibles desde la red IPv6, con lo que ya es posible la implementación de redes IPv6-only. Sin embargo hay que considerar que aún varios servidores de alto nivel de dominios país solo operan sobre IPv4 con lo que los servidores corporativos deberán operar aún en un esquema dual-stack.

Una implementación típica, en un entorno dual stack e independiente de los protocolos de capa de red, realizará una búsqueda por registros A y registros AAAA, y si obtiene respuesta de ambos generalmente preferirá la respuesta IPv6.

> ✍ Las aplicaciones que son independientes del protocolo, realizan la búsqueda de nombre para ambos protocolos (IPv4 e IPv6) y prefieren la respuesta IPv6.

DDNS – Dynamic DNS

Si bien DDNS no es un protocolo estrictamente relacionado con IPv6, aparece como un elemento constitutivo de gran importancia en las redes IPv6. Esto debido a que en la redes IPv6 los dispositivos terminales (los hosts) dejan de ser "anónimos" como ocurre en IPv4 para pasar a requerir identidad propia.

En la operación convencional de DNS, para que un dispositivo pueda ser accedido por un nombre es necesario que se cree una entrada manualmente en la base de datos DNS. El nombre y la dirección IP son estáticos y el registro que se genera será utilizado por un tiempo prolongado. En ese contexto los equipos terminales no suelen tener asignado un nombre y por lo tanto no tienen una entrada correspondiente en la base de DNS.

Este sistema no es escalable a una red en la que los terminales utilizan nombres, siendo además que la asignación de la dirección IPv6 a la cual debe traducirse ese nombre se asigna de modo dinámico (sea por DHCPv6 o por autoconfiguración). Esto supone que las entradas de la base de datos se generen dinámicamente.

DDNS resuelve esta limitación. DDNS permite que los clientes DHCPv6 generen dinámicamente los registros de nombre en los servidores DNS primarios y mantenerlos actualizados aun cuando la dirección asignada cambie dinámicamente.

> ✍ DDNS es un protocolo todavía en discusión en la IETF, sin embargo ya circulan diversos RFCs y borradores que están relacionado a él.

El proceso de DDNS se puede esquematizar así:

1. Se configura una clave en el servidor y en el cliente DNS de modo de asegurar el intercambio de información entre ambos y evitar posibles ataques tipo man-in-the-middle.

2. Los nodos utilizan DHCPv6 o autoconfiguración stateless para configurar su dirección IPv6.

3. El cliente DHCPv6 provoca la actualización de los registros del servidor DNS primario, tanto para las búsquedas directas como revertidas.

4. El servidor DNS primario actualiza el registro del servidor DNS secundario.

DDNS funciona bien para responder a forward lookups, pero no tan bien para reverse lookups.

En algunas implementaciones se cuenta con servidores DHCP y DNS integrados. En ese caso el servidor DHCPv6 puede dinámicamente actualizar el registro del DNS en nombre del cliente. Este tipo de implementación desplaza la relación de confianza (mecanismo de seguridad) de la relación cliente – DNS a la relación DHCPv6 – DNS.

Operación de DHCPv6

Aunque IPv6 puede resolver la configuración automática de los terminales utilizando mecanismos de asignación automática de direcciones tales como la asignación stateless, la implementación de servicios DHCP en IPv6 tiene mucha utilidad ya que brinda mayor control sobre las asignaciones, posibilidades de mantener registros y auditoría, y una configuración IPv6 más completa (la asignación stateless no asigna servidores DNS por ejemplo).

El servicio provee una configuración IPv6 completa a los nodos conectados a la red para su uso temporal. La implementación puede coexistir con el mecanismo stateless en el mismo segmento.

Requiere la presencia de un servidor DHCPv6 en la red, usualmente redundante en dos o más dispositivos físicos para asegurar confiabilidad.

DHCPv6

El servicio dinámico de asignación de una configuración IP completa para IPv6 se realiza con una nueva versión del protocolo DHCPv4 denominada DHCPv6.

¿Por qué implementar un servicio DHCPv6 en una red que por estándar tiene posibilidades de autoconfiguración stateless?

• Porque esto permite tener mayor control sobre los procesos de asignación de configuración y brinda opciones de reporte que no son posibles con la implementación stateless.

• Permite la implementación de asignación automática de direccionamiento en entornos en los que no se cuenta con un router.

• Permite el desarrollo ordenado de tareas de renumeración de la red.

- Porque permite implementar el registro automático de nombres en el dominio utilizando DDNS.

- Se puede implementar concurrentemente con asignación stateless para completar la configuración provista por los routers.

Se trata de un protocolo estándar ratificado por la IETF en el RFC 3315 en julio de 2003. Hay múltiples aplicaciones disponibles para su implementación y está soportado en Cisco IOS, los sistemas operativos Microsofts, Linux y Solaris. Sin embargo, algunos sistemas operativos de dispositivos móviles como iOS y Android no cuentan con cliente DHCPv6 o tienen alguna dificultad en su implementación.

DHCPv6 es en términos generales semejante a su predecesor, aunque con características específicas que le son propias:

- Utiliza transporte UDP.
  Los clientes utilizan el puerto 546.
  Los servidores y agentes utilizan el puerto 547.

- El cliente utiliza su dirección link local como dirección de origen de la solicitud.

- Utiliza la dirección multicast FF02::1:2 (all-DHCP-agents).

- El concepto de DHCPv6 agente involucra tanto a servidores como dispositivos DHCPv6 relay.

- El DHCPv6 relay reenvía la solicitud DHCPv6 a la dirección de multicast de FF05::1:3 (all-DHCP-servers). Esto implica que al configurar el DHCPv6 relay no es necesario configurar la dirección estática de cada servidor.

- Para el intercambio de mensajes el servidor utiliza como dirección de origen la dirección local link.

- Puede suministrar múltiples direcciones IPv6 a la misma interfaz.

- Puede ser utilizado para registrar automáticamente los nombres de los dispositivos en el dominio utilizando DDNS (Dynamic Domain Name System).

El procedimiento para obtener la configuración IPv6 de un servidor DHCPv6 es semejante al utilizado por DHCP en IPv4, con la salvedad de un paso previo por el procedimiento regular de ICMP neighbor Discovery. En síntesis, el procedimiento es el siguiente:

0.   Neighbor Discovery
      El cliente DHCP detecta la presencia o no de un router sobre el enlace.
      Si hay un router presente se examina la respuesta para determinar si se
      puede utilizar el servidor DHCP. Si el router permite el uso de DHCPv6 o si
      no hay router que responda el neighbor discovery, se pasa directamente a
      la fase siguiente.

1.   DHCP Solicit

      El cliente DHCP envía un mensaje DHCP Solicit con una solicitud de
      configuración en formato de multicast a la dirección FF02::1:2 con el
      propósito de encontrar un servidor DHCP.

2.   DHCP Advertise

El servidor DHCP que recibe la solicitud responde con un mensaje DHCP
Advertise, anunciando su disponibilidad para el cliente e información de
configuración.
Si no tiene información disponible para responder a la solicitud, envía
igualmente un mensaje notificando esa situación.
Responde en formato de unicast a la dirección link local del cliente.

3.   DHCP Request
El cliente acepta la propuesta del servidor y responde en formato multicast
a la dirección FF02::1:2

4.   DHCP Reply
Finalmente el servidor DHCP confirma la configuración enviada al cliente
respondiéndole en formato unicast a la dirección link local del cliente.
Esto completa y cierra el proceso.

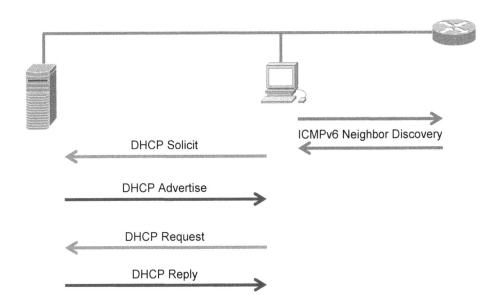

En el intercambio de mensajes DHCPv6 se utilizan diferentes direcciones de multicas
con diferente propósito:

Dirección	Propósito
FF02::1:2	All-DHCP-Agents Dirección multicast de alcance limitado al enlace (no es ruteable). Identifica tanto servidores como agentes DHCP relay. Es la dirección utilizada por los clientes para enviar mensajes DHCPv6 hacia agentes desconocidos.

Dirección	Propósito
FF05::1:3	All-DHCP-Servers Dirección multicast de alcance limitado a la red local. Identifica solamente a servidores DHCPv6. Tanto los agentes relay como clientes pueden utilizar esta dirección para comunicarse con servidores ubicados dentro de la red, pero en otro segmento, cuya dirección se desconoce. Cuando se utiliza esta dirección no puede utilizarse una dirección link local como origen. Para poder utilizar esta dirección es necesario que la red corporativa implemente enrutamiento IPv6 multicast.
FF05::1:4	All-DHCP-Relays Dirección multicast de alcance limitado a la red local. Identifica solamente a agentes DHCP relay. Tiene una finalidad semejante a la dirección de todos los servidores, con las mismas restricciones. Para poder utilizar esta dirección es necesario que la red corporativa implemente enrutamiento IPv6 multicast.

Rapid commit

Es un método de negociación rápida de DHCPv6 que resuelve la tarea en un proceso de solamente 2 mensajes:

- Solicit

- Reply

- No elimina el paso previo de neighbor discovery.

De esta manera se simplifica y acelera el mecanismo de negociación, pero requiere clientes DHCPv6 que soporten la operación en esta modalidad.

DHCPv6 Lite

También conocido como Stateless DHCPv6.

Servicio DHCP que se utiliza en entornos en los que los clientes no obtienen una configuración IPv6 completa ya que operan, p.e. con autoconfiguración stateless. Estos clientes requieren para operar parámetros de configuración complementarios, principalmente la lista de servidores DNS y el nombre de dominio. En estos casos un servidor DHCPv6 stateless puede enviar esta información adicional cuando es requerida por el cliente.

Se trata de una opción definida en el RFC 3736. No realiza asignación de direcciones (eso debe obtenerse por otro procedimiento, p.e. stateless).

Esta tarea suele ser cumplida también por un router configurado para el propósito. Para esto el cliente es actualizado por el servidor utilizando mensajes ICMPv6 router advertisement.

Un router Cisco IOS puede cubrir esta tarea.

El servidor DHCPv6 en IOS

Los routers Cisco IOS pueden actuar como servidores DHCPv6 en las interfaces que tienen habilitado el protocolo. Sus capacidades como servidores DHCPv6 les permiten actuar como servidor pleno o solamente como DHCPv6 Lite si es necesario; también puede ser configurado para hacer prefix delegation.

En términos generales su implementación es semejante a la del servicio DHCP para redes IPv4 de IOS:

- Se crea un pool DHCPv6 que contiene todos los parámetros de configuración que se deben aplicar a los clientes.

- Es posible definir tanto prefijos de pool que se deben distribuir entre los clientes que requieran configuración como prefijos específicos para clientes en particular.

- El pool se asocia a la interfaz a través de la cual se desea prestar el servicio.

- Este servidor DHCPv6 mantiene en la memoria del router una base de datos con las direcciones asignadas a cada cliente. Esta base de datos puede ser almacenada también de modo permanente tanto en la memoria local del dispositivo como en un servidor TFTP externo.

- Cada pool HDCPv6 puede incluir:

  o Un prefijo con sus temporizadores para tiempo en de preferencia y validez para la configuración asignada.

  o Una lista de prefijos para un cliente en particular.

  o Una lista de direcciones IPv6 de servidores DNS.

  o Una lista de dominios de nombre para resolución de DNS.

Configuración básica del servicio DHCPv6

```
Router(config)#ipv6 dhcp pool Prueba
```
                    Crea un servicio DHCPv6 en el router e ingresa al modo de configuración correspondiente.

```
Router(config-dhcp)#address prefix 2001:db8:1:1::/64
```
                    Asigna un prefijo IPv6 para ser utilizado en este pool de direcciones. Las direcciones asignadas corresponderán a este prefijo. Opcionalmente se pueden asignar temporizadores para tiempo de preferencia y de validez de la asignación.

```
Router(config-dhcp)#address prefix 2001:db8:1:1::/64 lifetime [validez]
[preferencia]
```
                    Asigna un prefijo IPv6 para ser utilizado en este pool de direcciones indicando un tiempo de preferencia y otro de validez para la asignación.

                    El tiempo de preferencia siempre debe ser menor que el tiempo de validez.

Si se utiliza la keyword `infinite` la asignación no tiene límite.

```
Router(config-dhcp)#dns-server 2001:db8:1:a::53
```

Especifica la dirección IPv6 del servidor DNS a ser utilizado por los clientes configurados utilizando pool.

```
Router(config-dhcp)#domain-name telerec.com.ar
```

Define un nombre de dominio para los clients que reciban configuración de este pool DHCPv6.

```
Router(config-dhcp)#exit
Router(config)#interface GigabitEthernet0/0
Router(config-if)#ipv6 enable
```

La interfaz a la que se asocie el servicio DHCPv6 debe antes tener habilitado IPv6 en ella.

```
Router(config-if)#ipv6 dhcp server Prueba
```

Asocia el pool DHCPv6 que se creó antes a la interfaz para responder con ese servicio a los requerimientos DHCPv6 que se reciban en ella.

Configuración del cliente DHCPv6

```
Router(config)#interface GigabitEthernet0/1
Router(config-if)ipv6 enable
```

Para que el cliente DHCPv6 se active es requisito que antes el protocolo IPv6 se encuentre activo en la interfaz.

```
Router(config-if)#ipv6 address dhcp
```

Activa la interfaz para actuar como cliente DHCPv6 y solicitar configuración IPv6 de un servidor DHCPv6 disponible.

Configuración del servicio DHCPv6 Lite

```
Router(config)#ipv6 dhcp pool COMPLEMENTO
Router(config-dhcp)#dns-server 2001:db8:1:a::53
Router(config-dhcp)#domain-name telerec.com.ar
```

Se genera un pool DHCPv6 que no asigna prefijos IPv6.

Este pool no genera ninguna base de datos que registre asignación de direcciones, pues no asigna direcciones.

```
Router(config-dhcp)#exit
Router(config)#interface GigabitEthernet0/0
Router(config-if)#ipv6 dhcp server COMPLEMENTO
```

El pool de direcciones que se creó debe ser asociado a una interfaz a través de la cual recibirá y responderá los requerimientos. Esta interfaz debe tener habilitado IPv6.

```
Router(config-if)#ipv6 nd other-config-flag
```

Habilita la utilización de los mensajes router advertisement específicamente para enviar información de configuración adicional.

Configuración de un servicio DHCPv6 rapid commit

```
Router(config)#ipv6 dhcp pool Prueba
Router(config-dhcp)#address prefix 2001:db8:1:1::/64
Router(config-dhcp)#dns-server 2001:db8:1:a::53
Router(config-dhcp)#domain-name telerec.com.ar
```

Se genera un servicio DHCPv6 con la configuración estándar utilizada en los casos anteriores.

```
Router(config-dhcp)#exit
Router(config)#interface GigabitEthernet0/0
Router(config-if)#ipv6 dhcp server Prueba rapid-commit
```

Al asociar el servicio DHCPv6 a la interfaz a través de la cual operará, se agrega el keyword rapid-commit para indicar que este servicio operará utilizando la modalidad rápida.

Este servicio solo puede operar con clientes con soporten el mismo modo de operación.

Configuración de un cliente DHCPv6 rapid commit

```
Router(config)#interface GigabitEthernet0/1
Router(config-if)#ipv6 enable
Router(config-if)#ipv6 address dhcp rapid-commit
```

Activa la interfaz para actuar como cliente DHCPv6 rapid-commit. Esta interfaz sólo puede recibir configuración IPv6 de un servidor DHCPv6 rapid-commit.

Variantes de configuración

```
Router#clear ipv6 dhcp binding
```

Borra las entradas existentes en la tabla de asignación de direcciones IPv6 por el servicio DHCPv6.

```
Router#configure terminal
Router(config)#ipv6 dhcp database [URL]
```

La base de datos de asignación de direcciones IPv6 se almacena por defecto en la memoria RAM del dispositivo. Esta tabla es actualizada cada vez que hay una renovación o una revocación de la sesión de una dirección.

Puede ser almacenada de modo estable (no volátil) en el sistema de archivos local (en la memoria flash, por ejemplo) o en un servidor TFTP externo.

DHCPv6 Relay

Como ocurre con DHCP en redes IPv4, en DHCPv6 es posible implementar agentes DHCP relay que permitan acceder a servidores DHCPv6 que se encuentren en un segmento de red diferente a aquel en el que se encuentra el cliente DHCPv6 ya que tiene limitaciones semejantes:

- La dirección destino de los mensajes DHCP Solicit es FF02::1:2, que es una dirección multicast de alcance local, por lo que no es ruteable.

- La dirección origen de los mensajes DHCP Solicit es la dirección link local del cliente.

Consecuentemente la comunicación directa entre el cliente y el servidor DHCPv6 requiere que ambos se encuentren en el mismo segmento de red. Consecuentemente cuando el servidor DHCPv6 está en un segmento de red diferente se requiere la operación de un agente DHCP relay.

La operación de los agentes DHCP Relay es transparente para los clientes.

Configuración de DHCPv6 relay

```
Router(config)#interface GigabitEthernet0/2
Router(config-if)#ipv6 dhcp relay destination 2001:db8:1:a::547 Se0/1
```

> Activa la operación de la interfaz como agente DHPCv6 relay para las solicitudes DHCPv6 que llegan a esta interfaz.
>
> Al mismo tiempo especifica la dirección IPv6 del servidor destino al que reenviar las solicitudes. Opcionalmente se puede agregar la interfaz de salida que se desea utilizar para alcanzar el servidor. Cuando se utiliza la dirección link local del servidor DHCPv6 como destino de las solicitudes, entonces es obligatorio indicar la interfaz de salida.

```
Router(config-if)#ipv6 dhcp relay source Loopback 0
```

> Permite definir la dirección IPv6 de origen que se desea utilizar en las solicitudes DHCPv6 que se reenvían hacia el servidor. Normalmente se utiliza con este propósito la interfaz loopback. De esta manera el servidor DHCPv6 utilizará esta dirección IPv6 como destino para sus respuestas.

Prefix Delegation

Se trata de una extensión de DHCPv6 que permite a un ISP automatizar el proceso de asignación de prefijos IPv6 para ser utilizados dentro de la red de sus clientes.

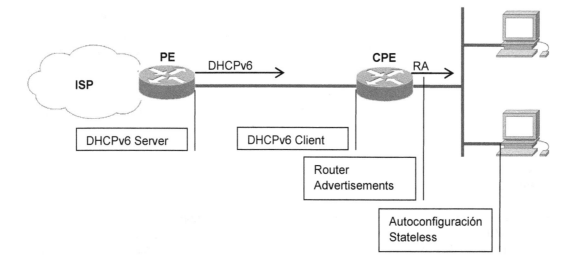

Este proceso ocurre entre un router de borde del ISP (PE – Provider Edge) y el router del cliente (CPE – Customer Premises Equipment). Luego de que el ISP ha delegado un prefijo al cliente, el cliente puede dividirlo internamente en varios dominios de broadcast y asignar prefijos a cada una de sus interfaces, a partir de las cuales los diferentes enlaces de la red del cliente asignan configuración IPv6 por el procedimiento de autoconfiguración stateless.

El CPE del cliente se comporta como cliente DHCPv6 hacia la red del ISP, de modo que obtiene un prefijo y luego asigna prefijos más pequeños a sus interfaces locales; sobre esas interfaces actuará como router IPv6 enviando paquetes ICMP router advertisements para ofrecer prefijo IPv6 de cada segmento a las terminales conectadas de modo que las terminales puedan adquirir configuración IPv6 por autoconfiguración stateless.

De esta manera, el ISP indirectamente asigna direccionamiento a los dispositivos terminales alojados en la red del cliente.

Configuración del servicio DHCPv6 con prefix delegation

La implementación de prefix delegation requiere de la creación de un "pool DHCPv6 local" que luego se utilizará para realizar la delegación de prefijo al CPE del cliente.

```
Router#configure terminal
Router(config)#ipv6 local pool CLIENTES 2001:db8:1:abc0::/60 64
```
> Define las especificaciones del prefijo IPv6 que se utilizará para asignar direccionamiento a los diferentes segmentos de red del cliente.
>
> En este caso, se asigna al cliente el prefijo 2001:db8:1:abc0::/60, indicando luego que el cliente lo utilizará para asignar prefijos /64 a cada uno de los segmentos de red que tiene su red interna. Esto permite al cliente definir 16 segmentos de red que recibirán direccionamiento global de este pool.

```
Router(config)#ipv6 dhcp pool DHCP-PD
```
> Crea el servicio DHCPv6 que se utilizará para brindar direccionamiento a través de prefix delegation al cliente.

```
Router(config-dhcp)#prefix-delegation pool CLIENTES lifetime 1800 600
```
> Asocia el pool local que se creó antes para realizar prefix delegation al cliente.
>
> En este caso se ha optado además por asignar temporizadores para la delegación, primero un tiempo de validez y otro de preferencia.

```
Router(config-dhcp)#dns-serve 2001:db8:1:a::53
Router(config-dhcp)#domain-name telerec.com.ar
Router(config-dhcp)#exit
Router(config)#interface Serial0/0/0
Router(config-if)#description enlace hacia el cliente
Router(config-if)#ipv6 address 2001:db8:1:f::1/127
Router(config-if)#ipv6 dhcp server DHCP-PD
```
> Asocia el servicio DHCPv6 que se creó antes a la interfaz para responder las solicitudes DHCPv6 del CPE del cliente que se recibirán en ella.

Configuración del CPE del cliente para recibir la delegación del prefijo IPv6

El CPE del cliente debe actuar como cliente DHCP en la interfaz que lo conecta con el service provider a fin de solicitar la delegación de prefijo al servicio asociado a la interfaz del PE correspondiente.

```
CPE(config)#interface Serial0/0/1
CPE(config-if)#description enlace hacia el SP
CPE(config-if)#ipv6 address 2001:db8:a:f::2/127
```

La interfaz del CPE que conecta con el PE del service provider debe tener su propia configuración IPv6.

```
CPE(config-if)#ipv6 dhcp client pd  PREFIX-DEL
```

Este comando activa la interfaz del CPE como cliente DHCPv6 para solicitar una delegación de prefijo al PE. El prefijo que se ha de recibir se referencia con un nombre que luego se utilizará para asociar el prefijo a las otras interfaces del router.

El prefijo que se recibe no se aplica a esta misma interfaz (que tiene su propia configuración IPv6), sino que se aplicará en la configuración de otras interfaces.

```
CPE(config-if)#exit
CPE(config)#interface GigabitEthernet0/1
CPE(config-if)#description LAN interna 1
CPE(config-if)#ipv6 address PREFIX-DEL ::1:0:0:0:1/64
```

Este comando habilita el uso del prefijo delegado por el PE en la configuración de esta interfaz.

Asocia el nombre del prefijo delegado definido en la interfaz que conecta al PE con la dirección IPv6 que se asigna a la interfaz. En este caso, como el prefijo delegado es /60 se deben definir los últimos 68 bits de la interfaz. La longitud de prefijo asignada debe coincidir con la propuesta en la delegación, en este caso /60.

```
CPE(config-if)#exit
CPE(config)#interface GigabitEthernet0/2
CPE(config-if)#description LAN interna 2
CPE(config-if)#ipv6 address PREFIX-DEL ::2:0:0:0:1/64
```

Comandos de verificación de DHCPv6 en Cisco IOS

Como es habitual IOS ofrece múltiples herramientas para monitorear y diagnosticar la operación de DHCPv6 en entornos Cisco IOS.

```
Router#show ipv6 interface brief
```

Permite verificar de modo rápido y directo la operación de las interfaces configuradas como clientes DHCPv6.

```
Router#show ipv6 dhcp pool
```

Muestra los pools DHCPv6 configurados en el dispositivo, de cualquier tipo que sean.

```
Router#show ipv6 local pool
```
Comando utilizado en implementaciones de delegación de prefijos DHCPv6, en el router PE (del service provider) para verificar la operación de los pool DHCPv6 locales.

```
Router#show ipv6 dhcp binding
```
Muestra el estado de cada uno de los clientes a los que se ha asignado configuración IPv6 a través del servicio DHCPv6.

```
Router#show ipv6 dhcp interface
```
Es el comando que permite verificar la operación de las interfaces que operan como clientes, y las que tienen vinculados servicios DHCPv6.

Cada interfaz involucrada es clasificada como "server mode" o "client Mode".

```
Router#debug ipv6 dhcp
```
Permite monitorear la operación del dispositivo tanto como servidos como cliente DHCPv6.

```
Router#debug ipv6 dhcp relay
```
Muestra la operación de los agentes DHCPv6 relay.

Soporte para QoS en entornos IPv6

La implementación de calidad de servicio es un requerimiento de creciente importancia en las redes de comunicaciones contemporáneas donde ya es habitual que no sólo circulen datos de mayor o menor criticidad para el desarrollo del negocio, sino también comunicaciones de voz y video que requieren un tratamiento diferente y con prestaciones específicas.

IPv6 permite la implementación de redes con soporte de calidad de servicio.

El encabezado IPv6 y QoS

Desde sus inicios la estructura del encabezado IPv6 ha sido pensada para poder realizar implementaciones de calidad de servicio. En este sentido hay 2 campos incluidos con este propósito:

- El campo Clase de Tráfico, de 8 bits.

- El campo Etiqueta de Flujo, de 20 bits.

Versión	Clase de Tráfico	Etiqueta de Flujo	
Longitud de la Carga		Próximo encabezado	Límite de Saltos

1

32

<table>
<tr><td colspan="4">Dirección IP de origen</td></tr>
<tr><td colspan="4">Dirección IP de destino</td></tr>
<tr><td colspan="4">Datos</td></tr>
</table>

Adicionalmente hay que considerar las extensiones de encabezado, donde la extensión Salto por Salto o las Opciones de Destino permiten incluir información adicional para el tratamiento del tráfico. Por supuesto que a futuro también es posible incluir nuevas extensiones con este propósito específico.

Pero por el momento no se requieren nuevos mecanismos de calidad de servicio y es posible trabajar con los mecanismos actuales que están basados en los modelos de servicios integrados (IntServ) y de servicios diferenciados (DiffServ).

- IntServ
  Es el modelo preferido cuando se requiere implementaciones de calidad de servicios que garanticen de modo absoluto la disponibilidad de recursos en una ruta extremo a extremo.

- DiffServ
  Es el modelo más generalizado en la actualidad.
  Su propósito es garantizar recursos definiendo el comportamiento de la red basado en la prioridad asignada a los paquetes.

> Si bien se trata de modelos definidos originalmente para entornos IPv4, el comportamiento de los dispositivos en redes IPv6 es el mismo.

Campo Clase de Tráfico

Si bien este campo tiene la misma longitud que el campo Tipo de Servicio (ToS) del encabezado IPv4, en IPv6 se ha desplazado al inicio del encabezado para facilitar el procesamiento de los paquetes ya que hay una detección temprana de la prioridad asignada al paquete.

- Se utiliza en arquitectura de servicios diferenciados (DiffServ) siguiendo las indicaciones del RFC 2474.

- Tiene 8 bits de longitud.

    o   6 bits se utilizan para marcar tráfico siguiendo las especificaciones llamadas DSCP que permiten especificar diferentes comportamientos que se aplican a cada paquete en cada salto de la ruta (PHB).

    o   2 bits se utilizan para notificar situaciones de congestión (ECN) en la ruta de acuerdo a lo propuesto en el RFC 3168. Estas notificaciones permiten que un dispositivo congestionado influya en el comportamiento de otro para evitar congestiones de tráfico en sus interfaces.

- Se utiliza para marcar los paquetes (marcador de capa 3) de acuerdo a una definición de prioridades. Este es considerado un marcador extremo a extremo dada la permanencia del encabezado IPv6 en la ruta entre origen y destino, lo que no ocurre con los marcadores en encabezados capa 2.

- Sin embargo, el campo Clase de Tráfico está definido como un campo modificable ya que por política puede requerirse su modificación en algún salto de la ruta. Por este motivo no se encuentra protegido por las implementaciones AH cuando se utiliza IPsec.

Campo Etiqueta de Flujo

Este es un campo nuevo, de 20 bits de longitud, introducido con la estructura del encabezado IPv6.

- Permite identificar con una etiqueta todos los paquetes pertenecientes a una misma comunicación. Esto asegura la posibilidad de diferenciar tráfico a nivel del encabezado IP sin necesidad de abrir el encabezado de transporte para consultar información.

- Se puede implementar para que el dispositivo de origen requiera algún tratamiento especial.

- Dado que está en el encabezado IPv6, no es encriptado por las implementaciones de IPsec, a diferencia del encabezado de capa 4 que sí va encriptado.

- Esta etiqueta, a diferencia del campo Clase de Tráfico, no cambia ente origen y destino. Esto permite la definición de procesamiento por comunicación o flujo a lo largo de toda la ruta.

- Por el momento no hay implementaciones genéricas de este identificador y su uso exacto no ha sido definido. Se propone su utilización en implementaciones de calidad de servicio y para marcar streaming de tráfico de voz y video.

- Hay que tener consideraciones de seguridad especiales ya que la asignación de una etiqueta de flujo puede asegurar un tratamiento específico a lo largo de la ruta.

Soporte para QoS en IPv6 en IOS

Cisco IOS da soporte para la mayor parte de las implementaciones de QoS en arquitecturas IPv6:

- Clasificación basada en:

    o Protocolo (IPv4 / IPv6).

    o DSCP.

    o Clase de servicio.

    o Puerto de capa 4.

- La mayor parte de los métodos de encolado de paquetes, incluyendo LLQ.

- Políticas de tráfico.

- Shaping / policing.

- WRED.

- NBAR.

Aplica tanto para procesos de conmutación de tráfico basados en process switching como en CEF. Sin embargo el uso de IPv6 en CEF tiene algunas restricciones que tienen su origen en el hardware, principalmente debidas a limitaciones en los ciclos de procesamiento del ASIC o las estructuras de las TCAM.

Features no soportados

Hay un conjunto de features que Cisco IOS no soporta en redes IPv6:

- Compressed Real-Time Protocol (cRTP).

- Committed Access Rate (CAR).

- Priority Queuing (PQ).

- Custom Queuing (CQ).

Configuración de QoS para redes IPv6 en IOS

La configuración de QoS en entornos IPv6 en Cisco IOS es básicamente igual a la que se realiza en entornos IPv4. Los elementos soportados son los mismos:

- Modular QoS CLI.

- El uso de las herramientas ya conocidas: class maps, policy maps y service policy.

La mecánica de configuración propuesta por MQC utiliza 3 elementos básicos:

- Class maps.
  Es la herramienta que se utiliza para definir a qué tráfico se ha de aplicar políticas de calidad de servicio.
  La clasificación de tráfico puede hacerse basada en información de las diferentes capas del modelo OSI (capas 2, 3, 4 o 7). Esta clasificación de tráfico se puede hacer diferenciando tráfico IPv4 de IPv6, lo que posibilita aplicar una determinada política solo a tráfico de uno de los protocolos sin incluir al otro.

- Policy maps.
  Se utilizan para aplicar una determinada política o tratamiento a tráfico que previamente ha sido clasificado.
  Permiten marcar tráfico, aplicar policing y/o shaping, políticas de prevención de congestión y varios métodos de encolado de tráfico, junto con garantizar ancho de banda y prioridad.

- Service policy.
  Es la herramienta que permite aplicar el policy map a las interfaces correspondientes.

El class map

Un class map es una serie de sentencias match que definen el tráfico que se desea incorporar en una categoría específica.

> ✎ Un class map está compuesto por una serie de sentencias match.
> Las sentencias match pueden aplicar específicamente a tráfico IP (IPv4), o IPv6. Si no se especifica protocolo el sistema operativo entiende que aplica a ambos protocolos.

La clasificación puede realizarse en base a diferentes criterios:

- Dirección IPv6 de origen o destino.

- Cualquier criterio de capa 3 o 4 utilizando una ACL.

- Clase de servicio de capa 2.

- Tipo de protocolo.

- Etiqueta de flujo. Esta es una posibilidad propia de paquetes IPv6.

> ✎ No es el propósito de este manual el desarrollo de la implementación de QoS en redes Cisco IOS. Por lo tanto los comandos que se muestran a continuación tienen solamente el propósito de ilustrar con un ejemplo el desarrollo teórico.
>
> ✎ Una comprensión adecuada de este tema requiere tomar un entrenamiento o estudiar un manual de calidad de servicio.

```
Router(config)#class-map TEST
Router(config-cmap)#match access-group CLASE
Router(config-cmap)#match ipv6 dscp 46
```

El policy map

El policy map es la herramienta que se utiliza para aplicar la política al tráfico que se clasifica en los class maps.

El policy map permite:

- Marcar tráfico aprovechando diferentes campos de los encabezados de capa 2 o 3 (CoS, DSCP, DE, EXP, etc.).

- Aplicar políticas de prevención de congestión como WRED.

- Aplicar políticas de gestión de la congestión como WFQ, CBWFQ, LLQ, etc.

- Implementación de policing o shaping.

> No es el propósito de este manual el desarrollo de la implementación de QoS en redes Cisco IOS. Por lo tanto los comandos que se muestran a continuación tienen solamente el propósito de ilustrar con un ejemplo el desarrollo teórico.

```
Router(config)#policy-map PRUEBA
Router(config-pmap)#class TEST
Router(config-pmap-c)#set ipv6 dscp 46
Router(config-pmap-c)#bandwidth percent 15
```

El service policy

Es la herramienta para aplicar el policy map a una interfaz específica, en un sentido del tráfico que la atraviesa. Un policy map que no está aplicado no es operativo.

> Solo se puede aplicar un policy map por dirección del tráfico por interfaz.

> No es el propósito de este manual el desarrollo de la implementación de QoS en redes Cisco IOS. Por lo tanto los comandos que se muestran a continuación tienen solamente el propósito de ilustrar con un ejemplo el desarrollo teórico.

```
Router(config)#interface GigabitEthernet0/0
Router(config-if)#service-policy input PRUEBA
```

Features de Cisco IOS

Cisco IOS mantiene un conjunto de herramientas y aplicaciones importantes para el desempeño de las tareas de gestión y diagnóstico de la red IPv6. En términos generales las herramientas soportadas para redes IPv4 tienen su propia versión para IPv6.

También se incluyen diferentes servicios de red importantes para el desarrollo de la administración de la red.

Telnet

Cisco IOS incluye tanto el servicio Telnet sobre IPv6 como un cliente Telnet para operar sobre IPv6.

> ✎ Los comandos tanto para habilitar el servicio, como para utilizar el cliente Telnet sobre IPv6 son similares a los utilizados en redes IPv4.

```
Router(config)#line vty 0 4
Router(config-line)#login
Router(config-line)#password cisco
Router(config-line)#transport input telnet
```

Al habilitar el servicio Telnet en IOS, este queda disponible tanto para redes IPv4 como IPv6, por lo que no se necesita un comando especial.

El servicio de Telnet en los dispositivos Cisco IOS está habilitado por defecto y solo requiere la definición de una clave de acceso.

```
Router(config-line)#ipv6 access-class TELNET
```

Si se desea asegurar el acceso desde redes IPv6, se puede aplicar una lista de acceso IPv6.

Iniciar una sesión Telnet desde Cisco IOS

No requiere ningún comando especial, solamente especificar la dirección IPv6 de destino.

```
Router#telnet 2001:db8:1:1::2
```

SSH

También está disponible tanto el servicio como un cliente SSH para operar en redes IPv6.

> ✎ El procedimiento y los comandos tanto para habilitar el servicio, como para utilizar el cliente Telnet sobre IPv6 son similares a los utilizados en redes IPv4.

```
Router(config)#username cisco password 0 cisco
Router(config)#ip domain-name mydomain.com
Router(config)#crypto key generate rsa
```

> Para poder utilizar SSH es necesario antes generar las claves RSA.

```
Router(config)#ip ssh version 2
Router(config)#line vty 0 4
Router(config-line)#login local
Router(config-line)#transport input ssh
```

> Habilita el servicio SSH. Por defecto solo está habilitado el servicio Telnet.

```
Router(config-line)#ipv6 access-class SSH
```

> También se puede asegurar el acceso desde redes IPv6, se puede aplicar una lista de acceso IPv6.

Comandos para la verificación

```
Router#show ip ssh
```

> Muestra la información de configuración correspondiente al servicio SSH activado en el dispositivo.

```
Router#show ssh
```

> Muestra el estado de las conexiones del servidor SSH.

Iniciar una sesión SSH desde Cisco IOS

```
Router#ssh -v 2 -l cisco 2001:db8:1:1::2
```

> El destino puede definirse utilizando la dirección IPv6 o el nombre del host. En ese caso se debe contar con acceso a un servicio DNS.

Ping

Esta aplicación también puede enviar mensajes ICMPv6 echo request a destinos IPv6 definidos utilizando la dirección o un nombre. También está soportado el ping extendido.

> ✎ Para que se pueda obtener respuesta es necesario que la IPv6 destino sea una dirección IPv6 ruteables. Las direcciones link local no son ruteables y sólo responden solicitudes realizadas desde el mismo segmento de red.

La implementación en IOS es multiprotocolo y puede definir si es necesario utilizar IPv6 en base a la dirección de destino.

Las respuestas posibles al comando son semejantes a las que da para direcciones IPv4.

```
Router#ping 2001:db8:a:1::cafe
Router#ping ipv6 2001:db8:a:1::cafe
```

> Cualquiera de los dos formatos es válido. No es necesario especificar el protocolo.

Traceroute

La aplicación de descubrimiento de rutas que implementa mensajes ICMP también acepta destinos IPv6 definidos utilizando la dirección o el nombre.

> ✎ Para que se pueda obtener la ruta completa es preciso que las interfaces que están en la misma cuenten con direcciones IPv6 ruteables. Si operan solamente con la dirección link local no responderán los mensajes ICMPv6 pues esas direcciones no son ruteables.

Este programa también es dual-stack, con lo que puede definir por sí solo si debe utilizar ICMP o ICMPv6 y el protocolo de transporte a partir de la dirección de destino que se especifica.

```
Router#traceroute 2001:db8:a:1::cafe
Router#traceroute ipv6 2001:db8:a:1::cafe
```
Cualquiera de los dos formatos es válido. No es necesario especificar el protocolo.

TFTP

Utilizado normalmente para el envío o recepción de archivos hacia o desde un repositorio remoto; IPv6 es soportado de modo transparente.

Los routers Cisco IOS pueden operar como cliente o servidor TFTP.

En este caso se utilizan los comandos del file system de Cisco IOS tradicionales, lo cuales también son dual-stack y la operación sobre IPv6 se define a partir de la dirección de destino que se especifica en el comando.

```
Router#copy running-config tftp://2001:db8:1:a::21/running-config
```
Para utilizar el cliente TFTP se aplican los comandos del sistema de archivos especificando que el destino es un servidor TFTP y la dirección IPv6 del servidor.

```
Router(config)#tftp-server flash configuraciones/config.text
```
El comando permite activar el router como servidor TFTP para que un cliente accede y descargue el archive que se especifica desde la memoria flash.

Este comando puede incorporar una ACL para filtrar la dirección de origen que utiliza el cliente y restringir el acceso, pero sólo se aceptan ACLs IPv4, no se aceptan ACLs IPv6.

En este caso no se puede restringir la operación del servidor utilizando una ACL IPv6, si se debe aplicar alguna restricción es necesario hacerlo con una ACL aplicada sobre las interfaces.

HTTP

Cisco IOS incluye un servicio HTTP que permite la utilización de un navegador de Internet para acceder a una interfaz web. Este servicio es dual-stack y por lo tanto también soporta IPv6. La interfaz web que se muestra es la misma tanto para IPv4 como para IPv6.

También está soportada la implementación de HTTPS, pero en IPv6 no se soporta la adición de una ACL para filtrar las direcciones desde las cuáles es posible conectarse. Si se desea establecer una restricción de este tipo es preciso hacerlo en la interfaz de ingreso del tráfico.

```
Router(config)#ip http server
```
>   Habilita el servidor HTTP que responde sobre el puerto 80.

```
Router(config)#ip http secure-server
```
>   Habilita el servicio HTTPS que responde sobre el Puerto 443.

NTP

Cuando se requiere el protocolo de sincronización de los relojes de los dispositivos, NTPv4 incorpora soporte para IPv6.

NTPv4 es una extensión de NTPv3, con lo que soporta la operación en dual-stack y es compatible con NTPv3. NTPv4 ofrece:

- Soporta sincronización sobre transporte IPv6, lo que permite operar en entornos dual-stack o IPv6 puros.

- Incorpora un framework de seguridad más sólido basado en el uso de claves asimétricas con certificados X509.

- Utiliza grupos de multicast exclusivos.

- Puede configurar automáticamente la jerarquía de servidores para ajustar el sincronismo con el menor uso de ancho de banda.

- Puede implementar mensajes en formato multicast IPv6 para enviar y recibir actualizaciones.

Por lo demás, su forma de operación es semejante a la de versiones anteriores, pudiendo tomar referencia de una fuente autoritativa tal como un reloj atómico o un GPS, aplicando el mismo concepto de estratos de las versiones anteriores.

La implementación de NTP en Cisco IOS no soporta servicios de estrato 1, es decir, no es posible conectarla a una fuente de autoritativa. Sin embargo, es posible utilizar terminales UNIX con software adecuado para que funciones como servidores de estrato 1 y poder así formar una jerarquía NTP autónoma para la red.

Configuración del servicio NTP

```
Router(config)#ntp master 2
```
>   Inicializa el servicio NTP en el router. Por defecto el servicio opera en modo dual-stack. En este caso está habilitando el router como un servidor NTP de estrato 2.

```
Router(config)#ntp server 2001:db8:1:a::123
```

> Habilita el cliente NTP de IOS y lo vincula al servidor cuya dirección IP se indica. El mismo comando permite definir una dirección IPv4.
>
> Se puede definir un nombre también, y si hay un servicio DNS con IPv6 lo resolverá a esa dirección y guardará en la configuración la dirección, no el nombre.

```
Router(config)#interface GigabitEthernet0/0
Router(config-if)#ntp disable ip
```

> Es posible deshabilitar el servicio completamente a nivel de interfaces, o solamente sobre transporte IPv4 o IPv6, según se indique. En este caso está deshabilitando el servicio en la interfaz sobre transporte IPv4.

SNMP

La implementación de SNMP para uso como protocolo de gestión en Cisco IOS soporta IPv6 como protocolo de transporte.

Cisco IOS 12.2(33) actualizó su contenido de MIBs para redes IP, de modo de adecuarse a los RFC 4293 y 4292:

- La actualización es compatible con las versiones anteriores, de modo que se mantiene toda la información de las tablas IP que ya existía.

- Los MIBs ahora incluyen nuevas tablas para IPv6-only, IPv4-only y objetos independientes de la versión del protocolo.

- Se removieron las MIBs anteriores ya que la información que contenían está ahora contenida en las nuevas MIBs.

Syslog

El protocolo para transporte de mensajes de eventos a un servidor remoto utiliza UDP, y en la implementación de IOS soporta IPv6 como protocolo de transporte.

Como ocurre con versión 4, Cisco IOS ahora soporta mensajes de eventos de procesos relacionados con IPv6, los cuales también pueden ser enviados a servidores de Syslog externos utilizando transporte IPv6.

```
Router(config)#logging host ipv6 2001:db8:1:a::514
```

> Al utilizar el keyword ipv6 e indicar una dirección de destino IPv6, o un nombre que se traduce por una dirección IPv6 se utiliza como transporte ese protocolo.

Cisco Discovery Protocol

CDP es un protocolo independiente de otros protocolos y brinda soporte para direcciones IPv6 y la información relacionada a los diferentes tipos de direcciones.

En términos generales, por ser independiente del protocolo no tienen aspectos específicos de configuración o diferencia en los comandos de monitoreo; simplemente cuando IPv6 está activo, la información correspondiente aparece incluida en los comandos de visualización.

```
Router#show cdp neighbors
Router#show cdp neighbors detail
--------------------------
Device ID: Router
Entry address(es):
  IP address: 10.9.9.3
  IPv6 address: FE80::235a:3FF:FEA4:D54A   (link local)
  IPv6 address: 2001:DB8:1:1::2   (global)
Platform: Cisco 2911,  Capabilities: Router
Interface: GigabitEthernet0/0,  Port ID (outgoing port):
GigabitEthernet0/1
Holdtime : 133 sec
[se omite el resto del comando]
```

Cisco Express Forwarding IPv6

✎ No es propósito de este manual desarrollar detalladamente los mecanismos de reenvío de tráfico que incluye Cisco IOS sino solamente los aspectos de CEF vinculados a IPv6. Para mayor información sobre este tema sugiero recurrir al manual "Apunte Rápido ROUTE v5.1".

Cisco Express Forwarding es la tecnología de conmutación de capa 3 diseñada por Cisco para optimizar los procesos de enrutamiento y lograr un tránsito más rápido por la red.

El comportamiento de CEF versión 6 es el mismo que en su versión 4. Si bien se introdujeron algunos comandos de configuración nuevos, los comandos de monitoreo son comunes entre ambas versiones.

Comandos vinculados a CEF

```
Router(config)#ip cef
```
Para poder habilitar CEF versión 6 es necesario habilitar previamente CEF para versión 4. Esto es válido tanto para implementaciones de CEF centralizadas como distribuidas.

```
Router(config)#ipv6 cef
```
Habilita la operación de CEF versión 6 centralizado en el dispositivo.

```
Router(config)#exit
Router#show cef drop
```
Muestra los contadores de paquetes IPv6 e IPv4 descartados.

```
Router#show cef interface GigabitEthernet0/0
```
Muestra el estado de la interfaz y la configuración de CEF.

```
Router#show cef not-cef-switched
```
Muestra los contadores de paquetes IPv6 e IPv6 que no han sido conmutados por CEF sino que han sido pasados a otra instancia de conmutación (típicamente fast switching).

```
Router#debug ipv6 cef drops
```
> Genera mensajes que registran los paquetes que son descartados por CEF IPv6.

```
Router#debug ipv6 cef events
```
> Registra eventos del plano de control para CEF IPv6.

```
Router#debug ipv6 cef hash
```
> Registra eventos vinculados a la configuración del hash de balanceo de carga de CEF versión 6.

```
Router#debug ipv6 cef receive
```
> Notifica eventos provocados por paquetes IPv6 que con procesados para reenviar.

```
Router#debug ipv6 cef table
```
> Notifica eventos de modificación en la tabla CEF IPv6.

IP SLA

> No es propósito de este manual desarrollar detalladamente la herramienta IP SLA sino solamente los aspectos de ella vinculados a IPv6.
> Para mayor información sobre este tema sugiero recurrir al manual "Apunte Rápido ROUTE v5.1".

Es una de las herramientas incluidas en Cisco IOS que permite monitorear y analizar la continuidad de los servicios ofrecidos por la red. Para esta tarea la herramienta genera tráfico de modo continuo, predecible y confiable a fin de poder evaluar la performance.

IP SLA funciona sobre la base del envío y recepción de paquetes de información (sondas) que se envían entre un IP SLA generador, y un IP SLA objetivo. Un grupo importante de **estas** sondas pueden operar tanto sobre IPv4 como IPv6.

```
Router(config)#ip sla 1
```
> Crea una sonda identificada, en este caso, como 1.

```
Router(config-ip-sla)#icmp-echo 2001:db8:1:a::100 source-interface
Gig0/0
```
> La sonda va a utilizar paquetes ICMPv6 echo request dirigidos al host con dirección IP 2001:db8:1:a::100 que se enviarán a través de la interfaz GigabitEthernet 0/0.

```
Router(config-ip-sla-echo)#frequency 10
```
> El test se repetirá cada 10 segundos.

```
Router(config-ip-sla-echo)#traffic-class 46
```
> Define un valor específico (en este caso 46) para el campo clase de tráfico de los encabezados IPv6.

```
Router(config-ip-sla-echo)#exit
Router(config-ip-sla)#exit
Router(config)#ip sla schedule 1 life forever start-time now
Router(config)#track 1 ip sla 1 reachability
```

Hay 4 sondas disponibles para entornos IPv6:

- UDP Jitter
  Permite monitorear la performance de redes de voz y datos, ya que el jitter es un factor crítico para el desempeño de las comunicaciones de voz.
  Mide round-trip delay, delay de one-way, jitter one-way, pérdida de paquetes one-way y conectividad de sesiones UDP. Para tener medidas ajustadas utilizables tipo one-way es preciso sincronizar los relojes de los dispositivos origen y destino.

- UDP Echo
  Generalmente utilizado para monitorear performance y conectividad de servidores y aplicaciones que operan sobre UDP.
  Mide round-trip delay para tráfico UDP.

- ICMP Echo
  Utilizado como mecanismo de monitoreo de conectividad.
  Mide round-trip delay para una ruta específica.

- TCP Connect
  Utilizado para monitorear performance de servidores y aplicaciones que operan sobre TCP.
  Mide el tiempo requerido para establecer sesiones TCP.

> ✎ Para poder registrar correctamente los tiempos de delay es necesario que los dispositivos de ambos extremos tengan sus relojes sincronizados. Para esto es importante implementar NTP.
> Todas las variables de tiempo calculadas dependen de esto.

El dispositivo SLA objetivo (denominado SLA Responder) requiere la ejecución de un único comando:

```
RouterB#configure terminal
RouterB(config)#ip sla responder
```

Monitoreo del IP SLA

Hay diversos comandos disponibles para el monitoreo de esta herramienta:

```
Router#show ip sla configuration
```
> Permite revisar las sondas SLA configuradas en ese dispositivo: sus valores de configuración, etc. Incluye también los valores por defecto.

```
Router#show ip sla statistics
```
> Muestra las estadísticas que obtuvieron las sondas SLA configuradas en el dispositivo.

```
RouterB#show ip sla responder
```
> Permite revisar la información de la operación y las estadísticas en el SLA Responder.

La información generada también puede ser recolectada utilizando SNMP.

Laboratorios

Topología

Todos los laboratorios presentados en este manual pueden ser realizados utilizando un laboratorio conformado por 3 routers Cisco dotados con sistema operativo Cisco IOS 15.2 o superior y 3 terminales conectadas con sistema operativo Microsoft.

Los routers pueden ser dispositivos físicos (routers Cisco 1900 o superiores) o virtuales (CSR 1000v), del mismo modo, los terminales pueden ser máquinas virtuales.

La topología utilizada es la siguiente:

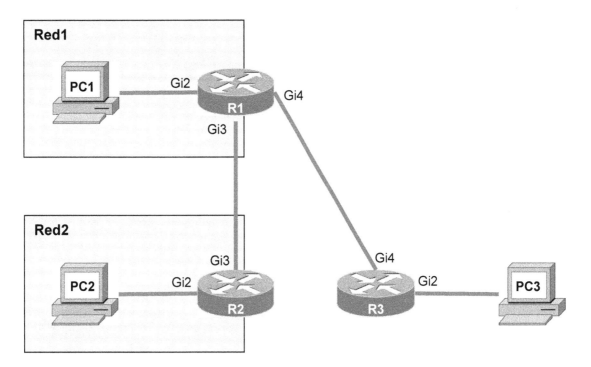

El esquema de direccionamiento propuesto es el siguiente:

Dispositivo	Interfaz	IPv4	IPv6
R1	Gi2	192.168.1.1/24	2001:db8:1:1::1/64
	Gi3	192.168.101.1/30	2001:db8:1:a::1/64
	Lo1	--	2001:db8:1:100::1/64
	Lo2	--	2001:db8:1:200::1/64
	G4	--	2001:db8:1:300::2/64
R2	Gi2	192.168.2.1/24	2001:db8:2:1::1/64
	Gi3	192.168.101.2/30	2001:db8:1:a::2/64
	Lo1	--	2001:db8:2:100::1/64

Dispositivo	Interfaz	IPv4	IPv6
	Lo2	--	2001:db8:2:200::1/64
R3	G2	192.168.3.1/24	2001:db8:10:1::1/64
	G4	--	2001:db8:1:300::1/64
PC1	Lab	192.168.1.2/24	2001:db8:1:1::f/64
PC2	Lab	192.168.2.2/24	2001:db8:2:1::f/64
PC3	Lab	192.168.3.2/24	2001:db8:10:1::f/64

Lab 3-1 – Prefix Delegation

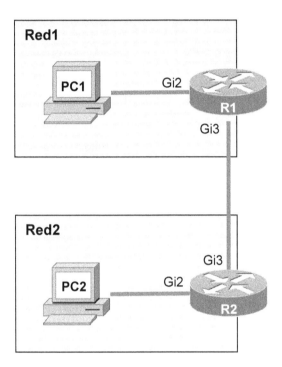

Objetivo

Es esta actividad se revisará la operación del servicio DHCPv6 incluido en Cisco IOS, de la siguiente manera:

A. Se configurará R1 como servidor DHCPv6 del proveedor de servicio utilizando prefix delegation, y el R2 como cliente DHCPv6 de prefix delegation de R1.

B. Se configurará R2 como servidor DHCPv6 de la Red2, en la que se encuentra la PC2.

Configuración de DHCPv6 prefix delegation

En primer lugar generaremos un servicio DHCPv6 para delegación de prefijos en el router R1 utilizando la siguiente información:

- Prefijo a delegar a la Red2:   2001:db8:2:1::/64

- Nombre de dominio: telered.com.ar

- Servidor DNS: 2001:db8:1:1::53

Para completar la tarea:

1. Cree un pool local de direcciones IPv6 con el nombre CLIENTES2 utilizando el prefijo a delegar.

2. Cree un pool DHCPv6 con el nombre RED2 para utilizar en la delegación de prefijo, utilizando los parámetros definidos antes.

3. Configure la interfaz Gi3 como servidor DHCPv6 de delegación de prefijo.

A continuación, configuraremos el router R2 como cliente del R1 para recibir la delegación de prefijo:

1. Configure la interfaz Gi3 de R2 como cliente de R1 para la delegación de prefijo. Asígnele al prefijo que se recibe el nombre de RED2.

2. Configure la interfaz Gi2 de modo que obtenga 2 direcciones del prefijo delegado (RED2) por R1:

    a. Una dirección debe ser construida manualmente de modo que utiliza el prefijo delegado y asigne el ID de nodo ::1.

    b. La otra dirección debe ser construida utilizando el miso prefijo delegado y el mecanismo de autoconfiguración de ID de nodo.

3. Configure la misma interfaz Gi2 para que envíe route advertisements con un período de validez de 1200 segundos y un período de preferencia de 600 segundos.

A continuación, proceda a verificar la operación de la configuración realizada:

1. En el router R2 verifique el estado de las interfaces y las direcciones asignadas a la interfaz Gi2 a través de la delegación de prefijo utilizando el comando `show ipv6 interface brief`.

2. En el mismo R2 verifique el estado de la interfaz que actúa como cliente de la delegación de prefijo utilizando el comando `show ipv6 dhcp interface`.

3. En R1 verifique el estado de la delegación de prefijos utilizando el comando `show ipv6 dhcp binding`.

4. En la PC2 verifique la configuración IPv6 de la interfaz que la vincula con R2. Utilizando el comando `netsh interface ipv6 show interface` verifique el ID de la interfaz que corresponde.
    Con el ID de la interfaz correspondiente utilice el comando `netsh interface ipv6 show interface [ID]`.

Configuración de un servicio DHCPv6 en R2

Dado que la asignación de configuración IPv6 a la PC2 se realiza a través del servicio de autoconfiguración stateless, esta terminal no recibe información sobre un servicio de DNS. Con el propósito de completar la información que está recibiendo crearemos un servicio DHCPv6 en R2 para entregar dirección de DNS y nombre de dominio de acuerdo a la siguiente información:

- Nombre de dominio: telered2.com.ar

- Servidor DNS: 2001:db8:2:1::53

En el router R2:

1. Cree un servicio DHCPv6 con el nombre SITIO2 utilizando la información que se presenta arriba.

2. Asocie la interfaz Gi2 de R2 al servicio DHCPv6 que acaba de crear.

3. Configure la interfaz Gi2 de R2 de modo tal de asegurarse que a través de esa interfaz los paquetes router advertisement informen la disponibilidad de la información complementaria.

Verifique ahora los efectos de la configuración realizada:

1. Verifique que el servicio DHCPv6 creado se encuentre operativo utilizando el comando show ipv6 dhcp pool.

2. Verifique que la interfaz Gi2 se encuentra en modo servidor de DHCPv6 utilizando el comando show ipv6 dhcp interface.

Comandos a considerar

```
Router(config)#ipv6 local pool [nombre] [prefijo]
Router(config)#ipv6 dhcp pool [nombre]
Router(config)#ipv6 route [destino] [próximo salto]
Router(config-if)#ipv6 dhcp client pd [nombre]
Router(config-if)#ipv6 dhcp server [nombre]
Router(config-if)#ipv6 nd other-config-flag
Router#show ipv6 dhcp
Router#show ipv6 dhcp binding
Router#show ipv6 dhcp pool
Router#show ipv6 interface
```

Protocolos de enrutamiento IPv6

✎ Las abreviaturas y siglas utilizadas en este manual son de conocimiento común en la industria. Puede encontrar un desarrollo de cada una de ellas en el Glosario de Siglas y Términos de Networking que está publicado en línea en la Librería de EduBooks y es de acceso libre: https://es.scribd.com/doc/292165924/Glosario-de-Siglas-y-Terminos-de-Networking-version-1-0

IPv6 es un protocolo enrutado completamente diferente de IPv4. En consecuencia, los protocolos de enrutamiento IP que se utilizan en el entorno tradicional no son aplicables en redes IPv6. Por esto son necesarios protocolos de enrutamiento específicos que respondan a la nueva arquitectura de IPv6.

Los protocolos de enrutamiento actualmente disponibles en Cisco IOS para redes IPv6 son:

- RIPng.

- OSPFv3.

- IS-IS.

- EIGRP.

- MP-BGP.

RIPng

RIP es uno de los protocolos de enrutamiento base de la industria, útil especialmente para cubrir las necesidades de enrutamiento de redes pequeñas. Si bien tuvo una presencia dominante en su momento, hoy ha sido desplazado por otros protocolos con mayores prestaciones.

RIPng es la versión actualizada del protocolo tradicional utilizado en redes IPv4 adaptado a arquitecturas IPv6.

Overview

- Protocolo de vector distancia.

- Estándar (RFC 2080).

- De configuración sencilla.

- Opción adecuada para redes pequeñas.

- Semejante a RIpv2 en sus características generales.

  - o Utiliza UDP como protocolo de capa de transporte.

  - o Realiza actualizaciones en formato multicast.

  - o Soporta autenticación.

  - o Pero NO compatible con RIPv2.

RIPng

- Protocolo de enrutamiento IPv6.

- Métrica: cantidad de saltos.

- Red inalcanzable: 16 saltos.

- Balancea tráfico entre rutas de igual costo: 4 por defecto.

- Distancia administrativa por defecto: 120.

- Se envían actualizaciones cada 30 segundos, y cuando ocurre un cambio en la red.

- Publica rutas IPv6 y utiliza IPv6 como protocolo de capa de red.

- Implementa split horizon y poison reverse como mecanismos de prevención de bucles.

Feature	RIPv2	RIPng
Publica rutas	IPv4	IPv6
Protocolo de transporte	UDP puerto 520	UDP puerto 521
Dirección multicast	224.0.0.9	FF02::9
Métrica	Cantidad de saltos	Cantidad de saltos
Máximo de saltos	15	15
Distancia administrativa	120	120
Actualizaciones	30 segundos Cuando hay cambios	30 segundos Cuando hay cambios
Soporta autenticación	Si	Si

Son características propias de RIPng:

- Transporta prefijos IPv6.

- Utiliza la dirección de link-local del dispositivo vecino para identificar el próximo salto.

- Para las actualizaciones utiliza direcciones multicast de alcance local FF02::9.

- La información de enrutamiento se transporta en paquetes IPv6.

- Se habilita por interfaz, no por red.

- Cisco IOS soporta hasta 4 instancias de RIPng por router.

Configuración

- Habilitar el enrutamiento IPv6.

- Habilitar e identificar el proceso de enrutamiento RIPng.

- Habilitar IPv6 en las interfaces con uno de estos métodos.

    o   Configurar una dirección IPv6 de unicast.

    o   Habilitar IPv6 en la interfaz, que derivará automáticamente una dirección de link local.

- Habilitar IPv6 en la interfaz.

> ✎ En Cisco IOS el enrutamiento de unicast IPv4 está habilitado por defecto y no requiere intervención explícita de un operador.
> A diferencia de este caso, el enrutamiento unicast IPv6 no está habilitado por defecto por lo que se requiere una acción explícita.

```
Router#configure terminal
Router(config)#ipv6 unicast-routing
```
Inicia el proceso de enrutamiento IPv6 y genera la tabla de enrutamiento IPv6.

Si no se inicia el proceso de enrutamiento IPv6 en primer lugar, el sistema operativo rechazará el intento de habilitar el proceso del protocolo de enrutamiento.

```
Router(config)#ipv6 router rip TEST
```
Crea un proceso de RIPng e ingresa al modo de configuración del protocolo.

La etiqueta (en este caso TEST) es una cadena alfanumérica que identifica el proceso de RIPng.

```
Router(config-rtr)#maximum-paths 6
```
Define la cantidad máxima de rutas de igual métrica entre las cuales se balanceará tráfico.

```
Router(config-rtr)#redistribute static metric 5
```
Redistribuye rutas estáticas dentro del proceso de RIPng. Al redistribuirlas modifica la métrica por defecto que utiliza el protocolo (15 saltos) y le asigna una métrica de 5 saltos.

```
Router(config)#interface GigabitEthernet 0/0
Router(config-if)#ipv6 address 2001:db8:1:1::/64 eui-64
```

> ✎ Si IPv6 no está antes activo en la interfaz el sistema operativo no permitirá asociar la interfaz al protocolo de enrutamiento.

```
Router(config-if)#ipv6 rip TEST enable
```
Asocia la interfaz al proceso de enrutamiento RIPng identificado con la etiqueta que se indica (en este caso TEST).

Si el proceso de RIPng no hubiera sido creado antes, al ingresar el comando se genera automáticamente el proceso del protocolo.

> ✎ En RIPng no hay un comando `network` para asociar el protocolo a las interfaces.

> ✎ Atención.
> Si al ejecutar este comando se comete un error en la etiqueta que identifica el proceso de RIPng, se generará un segundo proceso del protocolo.
> De cualquier modo RIPng será operativo.

Publicación de ruta por defecto

RIPng permite crear y publicar una ruta por defecto a través de una interfaz.

La ruta por defecto que se crea aparece en la tabla de enrutamiento del router adyacente como aprendida a través de RIPng con métrica 2.

Como mecanismo de prevención de bucles RIPng no genera una ruta por defecto en aquellas interfaces en las cuales recibe una ruta por defecto de otro vecino.

```
Router(config)#interface GigabitEthernet 0/1
Router(config-if)#ipv6 rip TEST default-information originate
```
Publica (utilizando el proceso de RIPng indicado) a través de la interfaz en la que se configura una ruta por defecto hacia los routers conectados a través de esta interfaz.

El keyword "originate" indica que a través de esta interfaz se debe publicar la ruta por defecto junto a las demás rutas originadas en el mismo dispositivo.

```
Router(config-if)#ipv6 rip TEST default-information only
```
Publica (utilizando el proceso de RIPng indicado) a través de la interfaz en la que se configura una ruta por defecto hacia los routers conectados a través de esta interfaz.

El keyword "only" indica que a través de esta interfaz se debe publicar solamente la ruta por defecto.

```
!
```

```
ipv6 unicast-routing
!
ipv6 router rip TEST
 maximum-paths 1
!
interface GigabitEthernet0/0
 ipv6 address 2800:DB8::/64 eui-64
 ipv6 rip TEST enable
 no shutdown
!
interface GigabitEthernet0/1
 ipv6 address 2800:DB8:1::/64 eui-64
 ipv6 rip TEST enable
 ipv6 rip TEST default-information only
 no shutdown
!
```

Balanceo de tráfico entre rutas de igual métrica

RIPng puede gestionar hasta 64 rutas de igual métrica a una misma red destino; por defecto Cisco IOS utiliza hasta 4 rutas de igual métrica para realizar balanceo de tráfico.

Este balanceo de tráfico se realiza está a cargo de CEF y se realiza en el plano de datos, dependiendo de la plataforma CEF puede realizar balanceo de tráfico entre hasta 16 rutas de igual métrica.

Monitoreo

`Router#show ipv6 protocols`

Permite verificar la información de todos los protocolos IPv6 configurados en el dispositivo.

Muestra en qué interfaces se encuentra activo el protocolo de enrutamiento.

`Router#show ipv6 rip`

Permite verificar la información de operación de los diferentes procesos de RIPng y las interfaces en la que está activo.

Muestra también información específica como el número de puerto UDP utilizado, la distancia administrativa, la cantidad de rutas utilizadas para balanceo de tráfico, los timers, etc.

`Router#show ipv6 rip TEST database`

Muestra la información correspondiente a la base de datos de enrutamiento recogida por el proceso de RIPng que se invoca en la etiqueta.

Las rutas informadas con el término "installed" son las que el protocolo logra instalar en la tabla de enrutamiento.

Las rutas informadas con "expired" son aquellas cuyos timers han expirado, se han retirado de la tabla de enrutamiento y se publican como inalcanzables.

```
Router#show ipv6 rip TEST next-hop
```

Permite verificar los procesos de RIPng activos y los dispositivos vecinos (próximos saltos) que se alcanzan a través de cada interfaz. Informa además la cantidad de rutas aprendidas de ese vecino que se han incorporado a la tabla de enrutamiento.

```
Router#show ipv6 route
```

Muestra la tabla de enrutamiento IPv6.

Como en IPv4, como parte de la información de la ruta se muestra la distancia administrativa y la métrica (en este caso, cantidad de saltos). RIPng considera el router que genera la ruta y la envía como un salto, por lo tanto, en el primer router adyacente la métrica será de 2.

```
Router#clear ipv6 rip
```

Reinicia el proceso de RIPng.

OSPFv3

OSPF es uno de los protocolos de enrutamiento interior más extensamente implementados. OSPFv2 es un protocolo estándar de enrutamiento por estado de enlace para redes IPv4, pero no es una opción para enrutar tráfico IPv6; OSPFv3 es el protocolo estándar de enrutamiento por estado de enlace para redes IPv6.

- Protocolo de estado de enlace abierto descripto por la IETF en el RFC 5340.

- Conceptualmente es semejante a OSPFv2:

    o Utiliza el algoritmo de Dijkstra para selección de la mejor ruta.

    o En redes extensas es posible dividir la red en áreas.

    o El área 0 es el área de backbone.

    o Las áreas se conectan al área de backbone a través de ABRs.

    o Diferencia rutas externas de rutas internas.

    o Permite definir tipos de área especiales tales stub y NSSA.

    o Utiliza una métrica basada en el costo de las interfaces.

    o Utiliza los mismos tipos de paquetes y procedimiento de descubrimiento de vecinos que OSPFv2.

    o Soporta los mismos tipos de interfaces que OSPFv2.

    o La sumarización de rutas en los límites del área, generando áreas stub, simplifica el diseño de la red.

- Es totalmente independiente de OSPFv2 y corren de modo independiente.

- Hay también algunas diferencias notables respecto de OSPFv2:

o Requiere un router ID de 32 bits, que no es una dirección IP. En el caso de dispositivos solo IPv6 es obligatoria su configuración, en redes dual-stack puede asumir la dirección IPv4 de una interfaz.

o El router ID, el ID de área y el ID de estado de enlace son identificadores de 32 bits de longitud, expresados con el formato de 4 octetos, pero no son ni se basan en direcciones IPv4. Por este motivo se afirma que los LSAs contienen identificadores de 32 bits pero no direcciones, como ocurre en OSPFv2.

o Las adyacencias y próximos saltos se definen utilizando direcciones link-local. Como todas las interfaces utilizan el mismo prefijo link-local se almacena también la interfaz de salida.

o Se habilita por enlace e identifica todas las redes que están asociadas con ese enlace (en IPv6 la interfaz tiene asociadas varias direcciones de diferentes redes).

o Se utilizan paquetes IPv6 con ID de protocolo 89 para el transporte de los LSAs.

o Los LSAs pueden tener 3 radios de cobertura diferentes: el enlace local, el área, el sistema autónomo.

o Se soporta el reenvío de LSAs de formato desconocido, esto permite soportar la operación de nuevas extensiones en el futuro.

o Requiere la implementación de CEF.

- Se propaga en formato de multicast:

   o FF02::5 - Todos los routers OSPF.

   o FF02::6 - Todos los routers OSPF designados.

Elemento	OSPFv2	OSPFv3
Utiliza el algoritmo de Dijkstra	SI	SI
Soporta sumarización automática	NO	NO
Protocolo de transporte	IPv4	IPv6
Métrica	Costo	Costo
Divide el dominio en áreas	SI	SI
Área 0 = Área de backbone	SI	SI
Elección de ABR y ASBR	SI	SI
Router ID	32 bits	32 bits
Adyacencia sobre la dirección link local	--	SI
Habilitación (en IOS)	Por Red	Por Interface
Requiere CEF (en IOS)	NO	SI

Elemento	OSPFv2	OSPFv3
Dirección de multicast: Todo router OSPF	224.0.0.5	FF02::5
Los routers DR-BDR	224.0.0.6	FF02::6
Rutas	Subred + Máscara	Prefijo IPv6
Distancia administrativa - rutas internas	110	110
- rutas externas	110	110
Tipos de enlaces	6	6
Tipos de paquetes	5	5
Virtual link	SI	SI

Tipos de LSA

En OSPFv3 se mantiene la estructura básica de LSAs que ya conocemos de OSPFv2 con algunas modificaciones.

Dos de los LSAs simplemente han sido renombrados:

- Tipo 3
  Interarea prefix LSA for ABR.
  Anuncian las redes internas de un área hacia otras áreas. Son los que dan origen luego a las rutas inter-área (IA).
  Son generados por los ABRs.

- Tipo 4
  Interarea Router LSA for ASBR.
  Publican la ubicación de un ASBR. Son los que se utilizan para determinar la mejor ruta hacia una red externa al sistema autónomo.

Adicionalmente otros dos LSAs han sido completamente reformulados:

- Tipo 8
  Link LSA.
  Los LSAs tipo 8 en OSPFv3 tienen cobertura solamente del enlace local y nunca se propagan más allá del enlace al que se encuentran asociados.
  Proporcionan las direcciones link local del router que los originan a los demás routers del enlace y la lista de prefijos asociados al enlace. Adicionalmente permiten agregar algunas opciones asociadas con los network LSA generados para ese enlace.

- Tipo 9.
  Intra-area prefix LSA.
  Un dispositivo puede generar múltiples LSAs de este tipo para cada router o red de tránsito, cada uno con un ID de estado de enlace único.

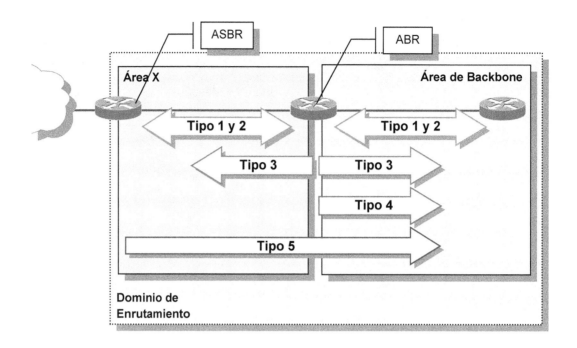

Tipo de LSA	OSPFv2	OSPFv3
1	Router LSA	Router LSA
2	Network LSA	Network LSA
3	Summary LSA	Interarea Prefix LSA for ABRs
4	Summary ASBR LSA	Interarea Router LSA for ASBR
5	AS external LSA	AS external LSA
6	Multicast OSPF LSA	Multicast OSPF LSA
7	NSSA LSA	NSSA LSA
8	External attribute LSA for BGP	Link LSA
9	Opaque LSA	Intra-Area prefix LSA
10 / 11	Opaque LSA	Opaque LSA

Configuración básica de OSPFv3

En el caso de redes IPv6 IOS ofrece 2 métodos de configuración del protocolo OSPFv3 diferentes:

- El método tradicional ingresando al modo de configuración del protocolo con el comando `ipv6 router ospf`.
  En esta forma, el proceso de OSPFv2 y el de OSPFv3 corren independientemente.

- Un segundo método de configuración al que se accede utilizando el comando `router ospfv3`.

    o Utiliza un único proceso de OSPFv3 para gestionar rutas IPv6 tanto como IPv4.

    o Utiliza una única base de datos con LSAs que transportan tanto información IPv4 como IPv6.

    o Utiliza address-families para separar la configuración de IPv4 e IPv6.

    o Las adyacencias se establecen individualmente para cada address family, pero los vecinos se identifican en ambos casos solamente utilizando la dirección IPv6 link local.

    o El transporte de las rutas IPv4 y las rutas IPv6 se realiza sobre paquetes IPv6. Por lo tanto no puede levantar adyacencia con dispositivos que operan con OSPFv2.

    o No es compatible con implementaciones OSPF de otros fabricantes.

⮹ Este mecanismo está disponible a partir de IOS 15.1(3)S.

⮹ Este mecanismo de configuración no aplica en redes IPv4 only. Aplica en redes dual stack o IPv6 only.

OSPF en IOS	Redes IPv4		Redes IPv6	
OSPFv2	SI		NO	
OSPFv3 (tradicional)	NO		SI	
OSPFv3 (nueva implementación)	Dual stack	SI	Dual stack	SI
	IPv4 only	NO	IPv6 only	SI

OSPF en IOS	OSPFv2	OSPFv3 (trad)	OSPFv3 (new)
Enruta	IPv4	IPv6	IPv4 / IPv6
Protocolo de transporte	IPv4	IPv6	IPv6
ID de vecinos	IPv4	Link local	Link local
Comando	`router ospf`	`ipv6 router ospf`	`router ospfv3`

Configuración tradicional

```
Router#configure terminal
Router(config)#ipv6 unicast-routing
Router(config)#ipv6 router ospf 1
```

Habilita el proceso de OSPFv3 e ingresa al modo de configuración del mismo. Como ocurre en OSPFv2 se utiliza un ID de proceso que tiene relevancia exclusivamente local.

```
Router(config-rtr)#router-id 1.1.1.1
```

Para que inicie el proceso es necesario contar con un router ID de 32 bits de longitud.

Si el dispositivo opera en modo dual stack, puede asumir una dirección IP con ese propósito, siguiendo el proceso convencional.

Si el dispositivo no tiene interfaces configuradas con IPv4 es obligatorio configurar un router ID.

```
Router(config-rtr)#passive-interface GigabitEthernet0/0
```

Pasiva la operación de OSPF en la o las interfaces que se especifiquen.

```
Router(config-rtr)#exit
Router(config)#interface GigabitEthernet0/1
Router(config-if)#ipv6 enable
Router(config-if)#ipv6 ospf 1 area 0
```

Activa el proceso de OSPF creado previamente en la interfaz y asigna esa interfaz a un área específica. El ID de área también puede indicarse en formato de 32 bits: 0.0.0.0

Este comando requiere que la interfaz tenga habilitada la operación de IPv6 con lo que debe contar con una dirección IPv6 configurada, o al menos el protocolo habilitado para que se genere la dirección link local de la interfaz.

Si el proceso de OSPFv3 que se especifica no hubiera sido creado antes, al ingresar el comando se genera automáticamente el proceso del protocolo.

🖎 Atención.
Si al ejecutar este comando se comete un error en el ID de proceso de OSPFv3, se generará un segundo proceso del protocolo.
De cualquier modo OSPFv3 será operativo.

```
Router(config-if)#ipv6 ospf neighbor FE80::12F5:87FF:FE04:E327
```

En interfaces NBMA el comportamiento es el mismo que en OSPFv2, por lo que es necesario declarar los vecinos con los que se desea establecer adyacencia.

En el caso de OSPFv3 el vecino se declara sobre la interfaz a través de la cual ha de establecerse la adyacencia y utilizando la dirección link local del vecino.

Cuando se trata de redes NBMA (Frame Relay) se requiere además que se mapee el DLCI a la dirección de link local y a la dirección global del dispositivo vecino.

En OSPFv3 no hay un comando `network` para asociar el protocolo a las interfaces.

Comandos de monitoreo

`Router#show ipv6 ospf neighbor`

Permite verificar las adyacencias negociadas por el dispositivo con otros dispositivos vecinos.

Los estados de la adyacencia con los vecinos son los mismos que para OSPFv2.

`Router#show ipv6 ospf database`

Muestra el contenido de la base de datos de estado de los enlaces.

`Router#show ipv6 ospf 1 0`

Muestra la información general referida al proceso de OSPFv3 que se indica (en este caso el proceso 1) y el área que se especifica (en este caso área 0).

`Router#show ipv6 route ospf`

Permite verificar las rutas aprendidas por OSPFv3 incorporadas en la tabla de enrutamiento.

`Router#show ipv6 ospf 1 0 interface GigabitEthernet0/1`

En el comando se debe indicar el ID de proceso (en este caso 1) el ID de área (en este caso 0).

Permite revisar la información respecto de la operación de OSPFv3 en la interfaz indicada.

`Router#clear ipv6 ospf 1`

Permite reiniciar el proceso OSPFv3 que se especifica en el comando.

El comando permite algunos subcomandos para reiniciar aspectos específicos: la redistribución de rutas, los contadores de paquetes OSPF, los contadores de un neighbor específico, etc.

OSPFv3 para IPv4 e IPv6

```
Router#configure terminal
Router(config)#ipv6 unicast-routing
Router(config)#router ospfv3 1
```

Habilita el proceso de OSPFv3 utilizando un ID de proceso (en este caso el proceso 1).

Si se había previamente realizado la configuración utilizando el método tradicional, al ingresar el comando el sistema operativo adapta la configuración existente y la transforma al nuevo formato.

```
Router(config-rtr)#router-id 1.1.1.1
Router(config-rtr)#address-family ipv6 unicast
```

Crea el address-family para tráfico IPv6 unicast e ingresa al submodo de configuración del mismo.

Los comandos que se ingresan en este modo aplican específicamente al enrutamiento IPv6. Si un parámetro se configura dentro y fuera del address family (p.e. el router id) el ingresado en el address family sobre escribe el parámetro global.

```
Router(config-rtr-af)#passive-interface GigabitEthernet0/0
Router(config-rtr-af)#area 1 stub
Router(config-rtr-af)#area 2 stub no-summary
```

El uso de address families permite que se defina individualmente las áreas y su condición, como por ejemplo, en el caso de las áreas stub o totally stub.

```
Router(config-rtr-af)#area 0 range 2001:db8::/32
```

Permite sumarizar manualmente prefijos al límite del área.

```
Router(config-rtr-af)#summary-prefix 2001:a24:32::/48
```

Permite sumarizar manualmente rutas externas al ser redistribuidas dentro del dominio de enrutamiento OSPF. Se utiliza en el ASBR.

```
Router(config-rtr-af)#maximum-paths 2
```

Define la cantidad de rutas de igual costo que propondrá a la tabla de enrutamiento.

En OSPFv3 puede ser un valor entre 1 y 64.

```
Router(config-rtr-af)#exit-address-family
Router(config-rtr)#exit
Router(config)#interface GigabitEthernet0/1
Router(config-if)#ospfv3 1 ipv6 area 0
```

Activa el proceso de enrutamiento OSPF IPv6 en la interfaz, y asocia la misma a un área.

```
Router(config-if)#ospfv3 1 ipv4 area 0
```

Activa el proceso de enrutamiento OSPF IPv4 y asocia la interfaz a un área. Requiere que se haya configurado el address family IPv4 unicast y una dirección IPv4 asignada a la interfaz.

```
Router(config-if)#ipv6 ospf neighbor FE80::12F5:87FF:FE04:E327
```

Aun cuando se trate de enrutamiento IPv4, el vecino se define utilizando solamente la dirección link local de la interfaz del vecino.

Comandos de monitoreo

```
Router#show ospfv3 neighbor
```

Este comando es alternativo al `show ipv6 ospf neighbor` y muestra la misma información.

x

```
Router#show ospfv3 database
```
Igualmente, este comando es alternativo al `show ipv6 ospf database` y muestra la misma información.

```
Router#show ipv6 route ospf
```
Como siempre, permite monitorear las rutas IPv6 aprendidas por OSPFv3 e incorporadas en la tabla de enrutamiento IPv6.

```
Router#show ip route ospfv3
```
Este comando reemplaza a `show ip route ospf` para monitorear rutas IPv4 aprendidas por OSPF e incorporadas a la tabla de enrutamiento.

Configuración de autenticación en OSPF

En entornos IPv6

En el caso de OSPF el proceso de enrutamiento de OSPFv3 es completamente independiente del proceso de OSPFv2.

Cuando se trata de OSPFv3, dado que el transporte se hace sobre paquetes IPv6, estos paquetes incluyen las prestaciones de IPsec por lo que es posible aplicar autenticación y cifrado para asegurar las actualizaciones de enrutamiento y prevenir posibles ataques de inyección de rutas falsas o el establecimiento de relaciones de vecindad con dispositivos no deseados. Por este motivo en OSPFv3 el encabezado del protocolo carece de los campos con información de autenticación propios de OSPFv2 y utiliza directamente AH (autenticación e integridad) o ESP (autenticación, integridad y cifrado de la información) que están integrados como extensiones del encabezado IPv6.

La implementación de IPsec requiere:

- La definición de la llave.
  Es utilizada para crear y validar el valor del hash.

- Un valor de SPI (Security Parameter Index).

  El SPI se utiliza para identificar diferentes sesiones de IPsec en una interfaz, y permite identificar diferentes sesiones a un mismo vecino sobre la misma interfaz.
  Es requerido por la política de seguridad para ser funcional.

IPsec puede ser configurado con una política diferente en cada interfaz, o en cada área. También puede ser aplicada una política mixta: una configuración de IPsec para el área que se aplica a todas las interfaces que pertenecen a ella, y luego puede sobre-escribirse en interfaces específicas configurando una nueva política en la interfaz.

  La política definida para la interfaz sobre-escribe la aplicada al área.

  La práctica sugerida es aplicar una política diferente para cada enlace.

Todos los SLAs de OSPFv3 que no puedan ser validados (que no se pueden descifrar o autenticar, según la política) serán descartados por el dispositivo.

Implementación de IPsec AH

Definición de IPsec para un área:

```
Router(config)#router ospfv3 1
Router(config-rtr)#area 0 authentication ipsec spi 200 sha1
12345678901234567890123456789012345678901234567890
```

Define una política de seguridad IPsec (authentication = AH, encryption = ESP) que se aplica a todas las interfaces que participan (en este ejemplo) del área 0.

Para esta política define un SPI que es un valor arbitrario, y un algoritmo de hash (en este caso SHA1, puede ser MD5). A continuación la llave de autenticación de 40 caracteres hexadecimales (en este caso se trata solo de un ejemplo).

Definición de IPsec para una interfaz:

```
Router(config)#interface GigabitEthernet0/0
Router(config-if)#ipv6 ospf authentication ipsec spi 200 sha1
12345678901234567890123456789012345678901234567890
```

Define una política de autenticación IPsec que se aplica exclusivamente a esta interfaz.

En este caso también se requiere definición de SPI, algoritmo de hash y clave de autenticación. El valor de SPI debe ser diferente para cada interfaz del dispositivo.

También puede utilizarse el siguiente comando:

```
Router(config-if)#ospfv3 authentication ipsec spi 200 sha1
12345678901234567890123456789012345678901234567890
```

La estructura del comando es la misma que la de la alternativa que describí antes.

Comando de verificación

```
Router#show crypto ipsec sa interface GigabitEthernet 0/0
```

Dado que se trata de IPsec, para la verificación de la operación están disponibles los comandos de monitoreo propios de IPsec.

Este comando nos permite verificar la política de IPsec aplicada a una interfaz específica. Incluye las estadísticas de tráfico

Implementación de IPsec ESP

Definición de IPsec para un área:

```
Router(config)#router ospfv3 1
Router(config-rtr)# area 0 encryption ipsec spi 200 esp null sha1
12345678901234567890123456789012345678901234567890
```

Define una política de seguridad ESP IPsec que se aplica a todas las interfaces que participan (en este ejemplo) del área 0.

Es este caso no se aplica algoritmo de cifrado, pero puede optarse por AES como por DES, y en ese caso debe incluirse una llave de cifrado. Sí se aplica en este caso autenticación utilizando SHA 1, la alternativa es aplicar MD5

Definición de IPsec para una interfaz:

```
Router(config)#interface GigabitEthernet0/0
Router(config-if)#ipv6 ospf encryption ipsec spi 200 esp null sha1
1234567890123456789012345678901234567890
```

Define una política ESP IPsec que se aplica exclusivamente a esta interfaz.

En este caso también se requiere definición de SPI, algoritmo de cifrado y llave (en este caso no se encriptará), hash y clave de autenticación. El valor de SPI debe ser diferente para cada interfaz del dispositivo.

Funcionalidades avanzadas

Costo dinámico de interfaces

OSPFv3 ofrece un feature especial que es la definición dinámica del costo de interfaces, pensado específicamente para dar soporte de enrutamiento a redes IPv6 móviles de proveedores de servicios inalámbricos.

Esta prestación hace posible que la calidad de un enlace de radio, que tiene impacto directo en las prestaciones del mismo (la tasa de transmisión de los enlaces inalámbricos es consecuencia de la calidad de la señal de radio frecuencia), pueda ser considerada en el cálculo de la mejor ruta. De esta manera, el costo de la ruta OSPFv3 hacia un vecino puede ser dinámicamente actualizado tomando como base métricas generadas por la radio, de modo tal que la selección de la mejor ruta no dependa exclusivamente (por ejemplo) del ancho de banda definido que es estable, sino también de la calidad del enlace de radio que es una realidad variable a lo largo del tiempo.

El protocolo de enrutamiento computa una métrica compuesta para cada enlace que puede considerar:

- Tasa de transferencia máxima.
- Tasa de transferencia actual.
- Latencia.
- Recursos (se refiere a recursos del dispositivo tales como la carga de la batería).
- Relative Link Quality.

De esta forma, OSPFv3 puede cambiar la ruta en uso por una con mejor métrica no solamente cuando cae un enlace o un dispositivo, sino también cuando las condiciones de transmisión de un enlace se modifican, para elegir un enlace que está en mejores condiciones y por lo tanto ofrece una mejor ruta.

Fast Convergence

Feature diseñado para entornos que requieren una reacción muy rápida a un posible fallo en la red.

En caso de fallos los protocolos de estado de enlace como OSPFv3 no necesitan aprender una ruta nueva sino que tienen toda la información necesaria (cuando existe una ruta alternativa) en su base de datos, con lo que solo necesitan correr nuevamente el algoritmo SPF para calcular una ruta nueva.

La base de la detección de una falla es el mantenimiento de las relaciones de adyacencia con los dispositivos vecinos que dependen de la recepción periódica de paquetes hello. Un vecino se declara fuera de línea cuando se dejan de recibir hellos por un período de tiempo establecido y que recibe el nombre de "dead-interval" o "dead-time". Usualmente este período de tiempo es el equivalente a la pérdida de al menos 3 paquetes hello. Por defecto un vecino se declara inalcanzable luego de 40 segundos (para enlaces punto a punto o Ethernet) sin recibir un paquete hello generado por él.

OSPFv3 permite reducir los temporizadores a valores incluso del orden de los milisegundos de modo tal que la red pueda converger completamente luego de un cambio en períodos de tiempo cercanos al segundo. Es una prestación particularmente útil en el caso de caída de vecinos accesibles a través de enlaces Ethernet sin que caiga el enlace. Esto puede ocurrir, por ejemplo, cuando dos dispositivos de enrutamiento se conectan a través de una red conmutada en capa 2.

Esta prestación se configura por interfaz:

```
Router(config)#interface GigabitEthernet0/1
Router(config-if)#ipv6 ospf hello-interval 1
Router(config-if)#ipv6 ospf dead-interval 3
```

➥ A partir de IOS 12.2S se dispone de versiones para propósitos especiales que permite configurar timers por debajo del segundo.

➥ La reducción de los temporizadores provoca una sobrecarga en la CPU debido al requerimiento de procesamiento de los paquetes hello.

EIGRP para IPv6

EIGRP es un protocolo de vector distancia avanzado, diseñado por Cisco y abierto a través de un borrador de RFC administrado por la IETF, desde enero del año 2013.

Una característica saliente de EIGRP es su capacidad multiprotocolo, por lo que soporta tanto IPv4 como IPv6 dentro del mismo proceso.

Sus distintivos respecto de otros protocolos son:

- Convergencia rápida.

- Actualizaciones parciales.

- Métrica sofisticada (mixta).

- Soporte de VLSM.

- Soporte para múltiples protocolos de capa de red.

- Conectividad uniforme a través de múltiples protocolos de capa de enlace de datos.

Configuración de EIGRP en redes IPv6

Concebido originalmente como un protocolo de enrutamiento multiprotocolo, EIGRP ha sido fácilmente adaptado para gestionar enrutamiento IPv6. Por este motivo las características de su gestión de rutas IPv6 comparte las características ya conocidas cuando lo hace con rutas IPv4.

Más allá de la similitud en la configuración y operación del protocolo en entornos IPv4 e IPv6, el enrutamiento de ambos protocolos se realiza y gestiona separadamente.

> La principal diferencia de EIGRP cuando gestiona rutas IPv4 e IPv6 es el requerimiento de habilitar explícitamente EIGRP en cada interfaz que opera con IPv6.

Elemento	EIGRP para IPv4	EIGRP para IPv6
Utiliza ID de SA	SI	SI
Soporta sumarización automática	SI	NO
Protocolo de transporte	IPv4	IPv6
Protocol type	88	88
Métrica compuesta	Si	Si
Concepto de Successor y Feasible Successor	Si	Si
Router ID	32 bits	32 bits
Vecindades sobre la dirección link local	--	Si
Autenticación	Si	Utiliza AH/ESP de IPv6
Dirección de multicast	224.0.0.10	FF02::A
Rutas	Subred + Máscara	Prefijo IPv6
Distancia administrativa - rutas internas	90	90
- rutas externas	170	170
Número máximo de saltos por defecto	100	100

Entre las similitudes con la implementación de IPv4, o elementos en común, se destacan:

- Utiliza paquetes hello para descubrir otros dispositivos EIGRP vecinos.

- La recepción de actualizaciones es confirmada utilizando un protocolo de transporte propietario de Cisco (RTP).

- Dependiendo de la actualización, se realiza en formato multicast o unicast, con requerimiento de confirmación de recepción o no.

- No realiza actualizaciones periódicas sino que las realiza de modo incremental.

- Para la valoración de las rutas utiliza una métrica compuesta: ancho de banda y delay por defecto. Se pueden considerar también carga y confiabilidad.

- Aplica el algoritmo DUAL para el análisis de la información de enrutamiento y la selección de la mejor ruta.

- Al analizar las rutas posibles elige un route successor y un feasible successor.

- Para prevenir la posibilidad de aparición de bucles de enrutamiento el algoritmo DUAL anuncia las distancias publicadas para cada ruta alternativa y si no es menor que la feasible distance de la mejor ruta, se la deja en espera.

- La elección de un feasible successor reduce los requerimientos de procesamiento en caso de fallos de la red y acelera la convergencia de la misma ya que no es necesario reprocesar la información de enrutamiento para elegir una ruta alternativa.

- Genera dos tablas de información:

    o Una tabla de vecinos.
      Almacena los dispositivos vecinos que descubre, su dirección y la interfaz a través de la cual accede.
      Se genera una tabla de vecinos por cada protocolo.

    o Una tabla topológica.
      Contiene todos los destinos publicados por los dispositivos vecinos.
      Cada entrada incluye la red de destino y una lista de vecinos que han publicado ese destino; para cada vecino se informa las métricas.

Dado que en IPv6 no existe el concepto de red classful no hay posibilidad de implementar un método de sumarización automática como en IPv4. Del mismo modo, cuando se negocian las vecindades en IPv6 EIGRP utiliza la dirección link-local de las interfaces, lo cual no es posible en IPv4 ya que no existe el concepto de dirección link local en IPv4.

> El router ID tiene 32 bits de longitud y tiene el formato de una dirección IPv4; por este motivo en dispositivos que no utilizan IPv4 es necesario configurar un router ID de EIGRP para que se inicie el proceso de EIGRP para IPv6.

Configuración básica de EIGRP para IPv6

```
Router#configure terminal
Router(config)#ipv6 unicast-routing
```
Habilita el enrutamiento de paquetes IPv6.

Si se configuran protocolos de enrutamiento IPv6, al negarse este comando se remueven todas las entradas generadas por los protocolos de enrutamiento en la tabla de rutas IPv6.

```
Router(config)#ipv6 router eigrp 100
```
Inicia el proceso de EIGRP para IPv6.

Utiliza un ID de sistema autónomo (en este caso 100) para identificar los dispositivos de un mismo dominio de enrutamiento que están bajo una administración común

El ID de sistema autónomo debe ser el mismo en dispositivos que deben levantar relación de vecindad entre sí.

```
Router(config-rtr)#eigrp router-id 1.1.1.1
```
Para que se active el proceso del protocolo de enrutamiento es necesario contar con un router-id (en este caso 1.1.1.1).

Si hay interfaces activas configuradas con direcciones IPv4, asumirá una de estas direcciones como router-id. Si no hay interfaces activas con direcciones IPv4, entonces es necesario configurar un router-id.

El router id tiene 32 bits de longitud y el formato de una dirección IPv4, pero no es una dirección.

El procedimiento para determinar el router ID es el siguiente:

- El router ID configurado manualmente.

- La dirección IPv4 más alta configurada en una interfaz de loopback (cuando la hay).

- Si no hay interfaces de loopback, la dirección IPv4 (cuando la hay) más alta configurada en una interfaz física activa al momento de levantar el proceso de EIGRP.

```
Router(config-rtr)#no shutdown
```
Inicializa la instancia de enrutamiento IPv6 en el proceso de EIGRP.

```
Router(config-rtr)#shutdown
```
Apaga la instancia IPv6 en el proceso de EIGRP a nivel global sin perder la configuración ya realizada.

```
Router(config-rtr)#maximum-paths 2
```
Limita la cantidad de rutas máximas que instalará en la tabla de enrutamiento para distribuir tráfico al número que se expresa, en este ejemplo, 2.

```
Router(config-rtr)#exit
Router(config)#interface GigabitEthernet 0/0
```

Para que una interfaz pueda ser incorporada en el proceso de EIGRP es necesario que tenga al menos una dirección IPv6 link local válida. No requiere que haya una dirección IPv6 global previamente configurada.

```
Router(config-if)#ipv6 eigrp 100
```

Incorpora la interfaz al proceso de enrutamiento EIGRP. De este modo la interfaz publica y recibe paquetes EIGRP al mismo tiempo que incorpora el/los prefijos asignados a la interfaz al proceso de enrutamiento EIGRP.

```
Router(config-if)#no ipv6 split-horizon eigrp 100
```

Bloquea la regla de horizonte dividido en la interfaz.

Es particularmente importante aplicar esta regla en redes NBMA cuando en topologías hub and spoke sobre una interfaz se configura un PVC multipunto, ya que de lo contrario no se aprenderán las rutas a las redes LAN remotas.

```
Router(config-if)#ipv6 bandwidth-percent eigrp 100 50
```

Define el porcentaje (en este caso un 50%) de ancho de banda de la interfaz que puede ser utilizado por tráfico reenviado utilizando rutas EIGP de IPv6.

Verificación de la configuración de EIGRP

```
Router#show ipv6 eigrp neighbors
```

Permite verificar los dispositivos con los cuales se ha levantado una relación de vecindad EIGRP para IPv6. Es semejante al comando de IPv4 con la única diferencia que se identifican los vecinos por su dirección de link local.

```
Router#show ipv6 eigrp topology
```

Es similar al comando homónimo de EIGRP para IPv4 con la diferencia de que se relevan prefijos IPv6. Para identificar el origen de la información de enrutamiento, en cada caso, se utiliza la dirección link local.

La ruta successor será propuesta a la tabla de enrutamiento IPv6 para su incorporación.

```
Router#show ipv6 route eigrp
```

Muestra las rutas aprendidas a través de EIGRP que se incorporan en la tabla de enrutamiento IPv6.

```
Router#show ipv6 protocols
```

Permite verificar la configuración y operación del protocolo, incluyendo las constantes que modifican la métrica.

```
Router#show ipv6 eigrp interfaces
```

Permite verificar de modo sintético las interfaces asociadas al proceso de EIGRP y el estado de operación del protocolo en cada una de ellas.

Sumarización de rutas IPv6

Como en el caso de IPv4, en IPv6 también es posible sumarizar rutas.

La diferencia esencial que al no existir el concepto de clase, no es posible recurrir a mecanismos de sumarización automática sino que debe realizarse manualmente. El concepto básico es el mismo: un conjunto de prefijos IPv6 puede ser sintetizado en un único prefijo que contenga el grupo sumariado.

Para definir el prefijo que sumariza el conjunto elegido, como en IPv4, hay que definir los bits en común de los prefijos que forman el conjunto o grupo a sumarizar.

Un ejemplo:

Deseamos sumarizar los prefijos 2001:db8:56:0::/64 al 2001:db8:56:3::/64 (para mayor claridad desglosaré el cuarto campo de los prefijos en notación binaria).

2001:db8:0056:**00000000000000**00::/64

2001:db8:0056:**00000000000000**01::/64

2001:db8:0056:**00000000000000**10::64

2001:db8:0056:**00000000000000**11::/64

En este caso los prefijos tienen en común los 3 primeros campos (16+16+16 bits) y los primeros 14 bits del cuarto campo.

16 bits + 16 bits + 16 bits + 14 bits = 62 bit

De allí que el prefijo de la ruta sumariada será /62.

Finalmente, el prefijo será:

2001:db8:56::/62

Como en el caso de la sumarización manual de rutas IPv4, la sumarización de rutas IPv6 se realiza en la interfaz a través de la cual se publica la ruta sumaria:

```
Router(config-if)#ipv6 summary-address eigrp 100 2001:db8:56::/32
```

Luego de ingresar el comando el dispositivo resincronizará la relación con los vecinos a los que accede a través de esa interfaz para enviar solamente la ruta sumaria.

⚠ En IPv6 sólo es posible la sumarización manual.

Named EIGRP

Cisco ha introducido un nuevo mecanismo de configuración para EIGRP denominado "Named EIGRP" que permite realizar todo el procedimiento en un solo lugar y utilizando comandos unificados para los diferentes protocolos enrutados.

- Toda la configuración de EIGRP se hace en un mismo lugar.

- Se unifica la configuración de EIGRP para IPv4 e IPv6.

- Mantiene compatibilidad hacia atrás.

✎ Named EIGRP está disponible a partir de IOS 15.0(1)M.

Incorpora el concepto de address-family. Permite organizar la configuración de modo jerárquico creando un address-family para cada tipo de ruta: un address family para rutas de unicast IPv4 y otro diferente para rutas de unicast IPv6.

Aunque es una metodología de configuración diferente, no cambia en nada el modo en que se relaciona con los dispositivos vecinos ni los mecanismos de monitoreo del protocolo. Sólo es un mecanismo de configuración diferente con consecuencias locales en el dispositivo en que se utiliza.

```
Router#configure terminal
Router(config)#router eigrp TEST
```
Crea una instancia de EIGRP identificada con la etiqueta que se adjunta (en este caso TEST). El nombre tiene relevancia exclusivamente local y no tiene ningún requerimiento específico dentro del dominio de enrutamiento.

Este comando no activa el protocolo. Se requiere al menos un address family para que se active el proceso.

```
Router(config-router)#address-family ipv4 autonomous-system 100
```
Activa el address family IPv4 e inicia el proceso de EIGRP para el sistema autónomo que se indica (en este caso 100). Debe ser el mismo que en los dispositivos vecinos.

Permite ingresar al modo de configuración del address family. Dentro de este modo se definen los parámetros de operación para gestionar rutas IPv4: `network`, `router-id`, `stub`, etc.

Si no se indica lo contrario, el address family por defecto se define como de rutas de unicast.

```
Router(config-router-af)#network 172.16.0.0
Router(config-router-af)#af-interface GigabitEthernet0/0
```
El comando permite utilizar comandos referidos a la operación del protocolo de enrutamiento (en este caso a un address family del protocolo) pero asociados a una interfaz en particular.

```
Router(config-router-af-interface)#exit
Router(config-router-af)#exit
Router(config-router)#address-family ipv6 autonomous-system 100
```
Activa el address family IPv6.

Se debe indicar el número de sistema autónomo, que debe ser el mismo que el de los dispositivos vecinos. No es necesario que IPv4 e IPv6 utilicen el mismo número de sistema autónomo.

Una vez ejecutado el comando se negocia vecindad con todos los vecinos. Por defecto todas las interfaces del dispositivo con IPv6 habilitada quedan incluidas en el proceso.

Por defecto, al no indicar lo contrario, el address family se define como de rutas unicast.

```
Router(config-router-af)#af-interface default
```

Permite cambiar los valores de configuración por defecto de las interfaces para este address-family.

En este caso, dado que por defecto todas las interfaces participarán del intercambio de rutas IPv6, se modifica el comportamiento por defecto para luego sólo habilitarlo en una interfaz en particular.

```
Router(config-router-af-interface)#passive-interface
Router(config-router-af-interface)#exit
Router(config-router-af)#af-interface GigabitEthernet0/0
Router(config-router-af-interface)#no passive-interface
```

Para verificar la configuración ingresada:

```
Router#show running-config | section router eigrp
router eigrp TEST
!
 address-family ipv4 unicast autonomous-system 100
 !
  topology base
  exit-af-topology
  eigrp router-id 1.1.1.1
  network 10.1.112.0 0.0.0.255
  network 172.30.0.0
 exit-address-family
 !
 address-family ipv6 unicast autonomous-system 100
 !
  af-interface default
   passive-interface
  exit-af-interface
 !
  af-interface GigabitEthernet0/0
   no passive-interface
  exit-af-interface
 !
  topology base
  exit-af-topology
  eigrp router-id 1.1.1.1
 exit-address-family
 !
```

Como se puede observar, la configuración íntegra vinculada al protocolo puede revisarse en una sola sección del archivo de configuración y está organizada de modo claramente jerárquico lo que simplifica el análisis y los procesos de diagnóstico de fallos.

Esta estructura jerárquica respeta 3 modos básicos:

- Address family:
  Es el modo básico dentro del cual se configuran los parámetros generales de operación del protocolo para ese grupo de rutas EIGRP.
  Desde este modo se ingresa a los otros dos.

- Interfaces del address family:
  Es el modo en el que se configuran todos los parámetros del protocolo que se aplican a nivel de la interfaz.

- Topología del address family:
  Permite ajustar todos los parámetros que impactan directamente en la tabla topológica de EIGRP.

Configuración de autenticación en EIGRP

En entornos IPv6

En este caso el proceso de configuración de la autenticación es semejante al que se utiliza en redes IPv4:

- Configurar un llavero.

- Configurar el modo de autenticación para EIGRP.

- Asociar el llavero creado al proceso de autenticación.

Un ejemplo:

```
Router(config)#key chain Ejemplo
Router(config-keychain)#key 1
Router(config-keychain-key)#key-string C1sc03oo
Router(config-keychain-key)#exit
Router(config-keychain)#exit
Router(config)#interface GigabitEthernet0/0
Router(config-if)#ipv6 authentication mode eigrp 100 md5
Router(config-if)#ipv6 authentication key—chain eigrp 100 Ejemplo
Router(config-if)#exit
```

Monitoreo

```
Router#show key chain
Router#show ipv6 eigrp neighbors
```

Autenticación en Named EIGRP

En este caso, la configuración de los llaveros no sufre ninguna modificación. El cambio está en la configuración y activación de la autenticación que en este caso se debe realizar dentro del address family.

Un ejemplo:

```
Router(config)#key chain Ejemplo
Router(config-keychain)#key 1
Router(config-keychain-key)#key-string C1sc03oo
Router(config-keychain-key)#exit
Router(config-keychain)#exit
Router(config)#router eigrp TEST
Router(config-router)#address-family ipv4 autonomous-system 100
Router(config-router-af)#network 192.168.100.0
Router(config-router-af)#af-interface GigabitEthernet0/0
Router(config-router-af-interface)#authentication mode md5
Router(config-router-af-interface)#authentication key—chain Ejemplo
Router(config-router-af-interface)#
```

MP-BGP

BGPv4 es un protocolo diseñado originalmente para transportar información de enrutamiento IPv4. Al protocolo original se han agregado extensiones (MP-BGP, RFC 2283) que le permiten transportar información de otros protocolos, como es el caso con IPv6.

Estas extensiones están definidas como nuevos atributos de BGP que se negocian entre peers BGP utilizando los mensajes BGP Open. En esta instancia utilizan NLRIs para publicar las extensiones (address family) que se soportan. Entre las extensiones soportadas se encuentran IPv6, VPNv4, etc.

En el caso de IPv6, hay 2 extensiones específicas:

- NLRI en formato IPv6.

- El atributo next-hop (de BGP) en formato IPv6.

Las actualizaciones de información IPv6 contienen direcciones globales o link local de IPv6.
Cuando se utilizan direcciones IPv6 link local para identificar los BGP peers, esa misma dirección se utiliza como próximo salto para las rutas que se transportan, esto en la mayoría de los casos requiere que se cambie a una dirección global utilizando un route map.

De acuerdo a cómo se implemente BGP es posible transportar la información de enrutamiento IPv6 de 2 maneras diferentes:

- Transporte de rutas IPv6 sobre sesiones TCP/IPv4.

- Transporte de rutas IPv6 sobre sesiones TCP/IPv6.

Dado que BGP transporta información utilizando circuitos virtuales TCP, el formato de las rutas transportadas por BGP no tiene ninguna relevancia para el establecimiento de las relaciones de vecindad.

Ambas opciones tienen sus propias cualidades.

Cuando se utiliza una única sesión TCP sobre IPv4:

- Se reduce la cantidad de vecinos. Esto reduce la complejidad y extensión de la configuración.

- En este caso se requiere modificar el atributo próximo salto que de lo contrario sería inalcanzable.

✑ Una ruta IPv6 no puede tener un próximo salto en formato IPv4.

Cuando se utilizan sesiones separadas para IPv4 e IPv6:

- Hay completa independencia entre el enrutamiento de ambos protocolos.

- Se incrementa y se hace más compleja la configuración de vecinos.

- Ya no es necesario modificar el atributo próximo salto.

- Los vecinos IPv6 se ven solamente en el comando `show bgp ipv6 unicast summary`.

Rutas IPv6 sobre sesiones IPv4

Una sesión TCP sobre IPv4 de BGP puede transportar información de enrutamiento IPv6 cuando se agrega soporte para este último protocolo. Para agregar soporte para enrutamiento IPv6 debemos crear un address family IPv6, dentro de ese address family es posible luego activar un BGP peer IPv4 con lo que el transporte de las rutas IPv6 se hace sobre paquetes IPv4.

Configuración de rutas IPv6 sobre sesiones IPv4

```
Router(config)#route-map TEST permit 10
Router(config-route-map)#set ipv6 next-hop 2001:db8:a:a::1/64
```

Cuando se utiliza IPv4 como transporte de rutas IPv6 es necesario utilizar un route map para modificar el atributo "próximo salto" de la ruta y tener de este modo una dirección IPv6 global válida como próximo salto.

Las rutas IPv6 no pueden tener un próximo salto IPv4 (que es lo que tendrían a partir de un neighbor definido por IPv4).

```
Router(config-route-map)#exit
Router(config)#router bgp 65001
Router(config-router)#neighbor 200.10.10.17 remote-as 65002
Router(config-router)#address-family ipv6 unicast
```

Activa el address family IPv6 para introducir el Soporte para información de enrutamiento IPv6.

El keyword unicast indica que se trata de rutas de tráfico unicast. Esta es la opción por defecto del comando, por lo que si no se incluye el keyword se asume que se trata de un address family IPv6 unicast.

✎ El único address family activo por defecto es el de IPv4. Adicionalmente, todos los neighbors están activos por defecto en ese address family.
Todo otro address family debe ser explícitamente activado, y los neighbors que deban intercambiar esa información explícitamente activados en ese address family.

`Router(config-router-af)#neighbor 200.10.10.17 activate`

Activa el vecino que ha sido ya definido en el proceso global para que transporte específicamente este address family.

✎ Cuando se asocia un neighbor a un address family se inicia la negociación de atributos con ese vecino, por lo que la sesión será reiniciada.

`Router(config-router-af)#neighbor 200.10.10.17 route-map TEST out`

Aplica el route map que se creó antes a las rutas que se publican hacia este vecino para modificar el atributo próximo salto e imponer la dirección IPv6 que se introdujo en el route map.

`Router(config-router-af)#network 2001:db8:a::/48`

Publica una ruta IPv6 en BGPv4.

Como en IPv4, el comando inyecta un prefijo en la base de datos BGP de este address family.

El prefijo debe declarar la red en formato hexadecimal y la longitud del prefijo en formato decimal como es habitual en la nomenclatura de redes IPv6.

Rutas IPv6 sobre sesiones IPv6

En este caso se generan sesiones BGP dedicadas utilizando direccionamiento IPv6 para definir el neighbor. Estos vecinos se utilizan únicamente para intercambiar enrutamiento IPv6. En este caso también, el neighbor debe ser explícitamente activado dentro del address family ya que en address family IPv6 los vecinos definidos por IPv6 no están activos por defecto.

Este es el mecanismo recomendado o preferido para implementar enrutamiento IPv6 en BGP por 2 motivos:

• La implementación del enrutamiento IPv6 con neighbor IPv6 no provoca un reinicio de las sesiones BGP que ya están activas y que mantienen el enrutamiento IPv4. Esto significa que no hay interrupción en el enrutamiento IPv4.

• No es necesario modificar el atributo próximo salto, que de este modo utiliza la dirección IPv6 del neighbor.

Configuración de rutas IPv6 sobre sesiones IPv6

```
Router(config)#router bgp 65001
Router(config-router)#bgp router-id 1.1.1.1
```

> Define un router ID con el formato de una dirección IPv4 (32 bits de longitud).
>
> Este comando es necesario para activar el proceso BGP en dispositivos que solamente tienen interfaces IPv6. Si hay interfaces IPv4 activas no es necesario ya que el proceso de BGP seleccionará automáticamente una dirección IPv4 como router ID.

```
Router(config-router)#neighbor 2001:db8:a:a::2 remote-as 65002
```

> El BGP peer se identifica con su dirección IPv6 de modo que la sesión de transporte se levante utilizando este protocolo.

```
Router(config-router)#address-family ipv6 unicast
Router(config-router-af)#neighbor 2001:db8:a:a::2 activate
Router(config-router-af)#network 2001:db8:a::/48
```

Única sesión TCP/IPv4	Sesiones TCP/IPv4 y TCP/IPv6 separadas
Se reduce el número de neighbors.	Se requiere configuración adicional de vecinos.
Las rutas IPv6 requieren que se modifique el atributo próximo salto.	No es necesaria configuración adicional para la definición del próximo salto.
Sólo se afecta una sesión cuando se modifican los filtros de rutas.	
Se puede utilizar la misma definición de route reflector.	
IPv6 impacta en el entorno BGP IPv4.	Hay completa independencia del enrutamiento IPv4 y el enrutamiento IPv6.
	No se ven vecinos IPv6 cuando se revisa la tabla de rutas IPv4.

Comandos de monitoreo

```
Router#show bgp ipv6 unicast
```

> Es el equivalente del comando `show ip bgp` que asume por defecto el keyword `unicast`.
>
> Muestra la tabla IPv4 de BGP.

```
Router#show bgp ipv6 unicast summary
```

> Es el comando equivalente del `show bgp summary`. Muestra la información abreviada respecto de los vecinos IPv4.

```
Router#show bgp ipv6 unicast
```

> Muestra la tabla IPv6 de BGP.

```
Router#show bgp ipv6 unicast summary
```
Permite verificar la información de los vecinos con los que se intercambia enrutamiento IPv6 independientemente de que se haga sobre sesiones IPv4 o IPv6.

```
Router#show bgp ipv6 neighbors
```
Permite verificar las sesiones BGP que transportan enrutamiento IPv6 con diferentes BGP peers.

Establecimiento de adyacencia con direcciones link local

Tanto en sesiones iBGP como eBGP la vinculación entre vecinos puede realizarse utilizando direcciones de link local en substitución de direcciones globales, esto elimina la necesidad de contar con direcciones globales para asignar a los enlaces entre dispositivos.

En este caso deben tenerse en cuenta los siguientes puntos:

- Cuando se identifican vecinos con direcciones link local se debe especificar la interfaz asociada con ese vecino utilizando el comando `neighbor update-source`.
  Sin esta indicación no se iniciará la sesión BGP ya que todas las interfaces están en el mismo segmento de red (FE80::/10), con lo que el dispositivo no puede identificar la dirección de link local que debe utilizar como origen con cada neighbor.

- Adicionalmente se debe implementar un route map para modificar el atributo próximo salto en las actualización de enrutamiento salientes de modo que se utilice como dirección de próximo salto las direcciones IPv6 link local y global de la interfaz.
  Si no se aplica el route map el atributo próximo salto se define como: y en consecuencia el mensaje es ignorado por el BGP peer.

```
Router(config)#interface loopback 0
Router(config-if)#ipv6 address 2001:db8:a:10::1/64
Router(config-if)#interface GigabitEthernet0/0
Router(config-if)#ipv6 address fe80::1 link-local
Router(config-if)#exit
Router(config)#
Router(config)#route-map TEST permit 10
Router(config-route-map)#set ipv6 next-hop 2001:db8:a:10::1
Router(config-route-map)#exit
Router(config)#router bgp 65001
Router(config-router)#bgp router-id 1.1.1.1
Router(config-router)#neighbor fe80::2 remote-as 65002
Router(config-router)#neighbor fe80::2 update-source Gi0/0
Router(config-router)#address-family ipv6 unicast
Router(config-router-af)#neighbor fe80::2 activate
Router(config-router-af)#neighbor fe80::2 route-map TEST out
```

Esta práctica se implementa en algunos casos en la conexión ente diferentes sistemas autónomos ya que permite aprovechar un espacio de direccionamiento "neutro" para los enlaces entre diferentes redes.

Sin embargo, la utilización de direcciones link local en estos enlaces impide tener una respuesta clara cuando se hace un diagnóstico de rutas utilizando tracert, ya que las direcciones link local no son ruteables y por lo tanto las respuestas ICMPv6 no llegan al dispositivo que genera el proceso.

Mecanismos de filtrado de prefijos

MP-BGP utiliza los mismos mecanismos de filtrado en prefijos IPv6 que los que se utilizan en rutas IPv4 y los aplica en el mismo orden que en IPv4.

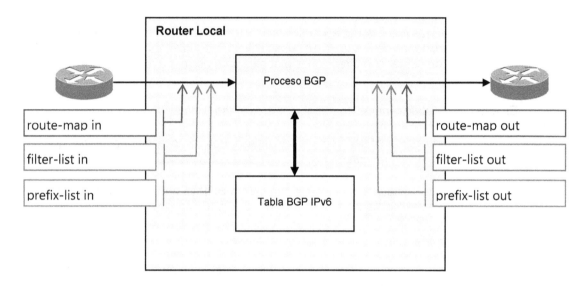

En este caso, cada mecanismo (route map, ACL de ruta de ASs y prefix list) se aplican por vecino dentro del IPv6 address family. Un ejemplo:

Se desea filtrar prefijos IPv6 excesivamente largos, de modo tal de permitir solamente prefijos de 48 bits de longitud o menos que son parte del espacio de direccionamiento global 2000::/3:

```
R1(config)#ipv6 prefix-list PRUEBA seq 10 2000::/3 le 48
R1(config)#router bgp 3500
R1(config-router)#bgp router-id 1.1.1.1
R1(config-router)#neighbor 2001:db8:101:2::1 remote-as 6302
R1(config-router)#address-family ipv6 unicast
R1(config-router-af)#neighbor 2001:db8:101:2::1 activate
R1(config-router-af)#neighbor 2001:db8:101:2::1 prefix-list PRUEBA in
R1(config-router-af)#neighbor 2001:db8:101:2::1 prefix-list PRUEBA out
R1(config-router-af)#network 2001:db8::/32
```

Policy-Based Routing en IPv6

Mecanismo que permite definir el reenvío (ruteo) de tráfico independientemente de la información contenida en la tabla de enrutamiento del dispositivo, pudiendo seleccionar rutas en función de otra información que no sea la dirección IPv6 de destino.

De esta manera es posible responder a requerimientos de tipo legal, contractual o de política interna de las organizaciones manteniendo claro control de la ruta que utiliza el tráfico.

Se aplica al tráfico que ingresa o es generado en el mismo dispositivo y se implementa utilizando route maps.

Brinda 2 beneficios básicos:

- Selección de rutas basada en la dirección de origen.

- Distribución de la carga entre múltiples rutas basada en las características del tráfico.

Para este propósito se utiliza un route maps que busca coincidencias en el tráfico que ingresa en base a los diferentes criterios de inspección soportados por los route maps (dirección IPv6 de origen, protocolo, etc.), y ejecutan luego diferentes acciones:

- Definir una interfaz de salida.

- Definir la IPv6 del próximo salto.

- Marcar el paquete con un valor específico del campo clase de tráfico para aplicar políticas de calidad de servicio o ingeniería de tráfico.

PBR completa los mecanismos de enrutamiento IPv6 tradicionales con herramientas que dan mayor control sobre la decisión de reenvío de tráfico.

Criterio de selección del tráfico

Para implementar un enrutamiento basado en políticas es preciso en primer lugar definir sobre qué paquetes se deberá aplicar la política. En Cisco IOS esto se realiza con la herramienta route map que permite definir condiciones para seleccionar paquetes a los que aplicarles acciones.

Los route maps son un conjunto de sentencias "match" que permiten seleccionar tráfico según criterios específicos, y aplicar acciones a ese tráfico utilizando sentencias "set".

- Las sentencias match se pueden asentar en condiciones específicas: IPv6 de origen, rangos de direcciones, puertos de capa de transporte, etc.
  También es posible utilizar una combinación de criterios.

- Las sentencias set permiten especificar una interfaz de salida (o IPv6 del próximo salto) o valor de DSCP.

Dado que el route map puede seleccionar tráfico basado en diferentes criterios e incluso utilizando una ACL IPv6, los criterios posibles de selección de tráfico pueden ser:

- Interfaz de ingreso.

- Dirección IPv6 de origen.

- Dirección IPv6 de destino.

- Protocolo.

- Puertos de capa de transporte de origen y destino.

- Valor de DSCP.

- Etiqueta de flujo.

Configuración de PBR

Es un procedimiento de 3 pasos:

1. Se define cuál es el tráfico que se desea enrutar utilizando una política en particular que no sea la dirección IPv6 de destino (esto ya se hace por el enrutamiento regular).

2. Se crea un route map en el que se combina la condición de selección del tráfico a enrutar con la política con la modalidad con la que se desea que se reenvíe ese tráfico.

3. Se aplica la política sobre la interfaz a través de la cual se espera que ingrese el tráfico sobre el que se desea trabajar.

```
Router(config)#ipv6 access-list TEST
```
En este caso vamos a definir una política de enrutamiento basada en la dirección IPv6 de origen de los paquetes. Para definir el criterio entonces, se utiliza una lista de acceso IPv6.

El nombre de la ACL es sensible a mayúscula/minúscula.

```
Router(config-ipv6-acl)#permit 2001:db8:a:a::/64 any
```
Define el criterio de coincidencia de la lista de acceso, en este caso en función del origen en una red específica.

```
Router(config-ipv6-acl)#exit
Router(config)#route-map POLITICA permit 10
```
Crea un route map (llamado POLITICA en este caso), e ingresa al submodo de configuración del mismo.

El nombre del route map es sensible a mayúscula/minúscula.

```
Router(config-route-map)#match ipv6 address TEST
```
Especifica los criterios de selección del tráfico al que ha de aplicarse la política. En este caso se asocia la ACL definida previamente (TEST) para aplicar la política de acuerdo a la dirección IPv6 de origen de los paquetes.

```
Router(config-route-map)#set interface serial0/0/0
```
Define la acción que se debe aplicar a los paquetes que coinciden con el criterio de selección especificado en la sentencia match anterior.

En este caso, los paquetes cuya dirección origen sea 2001:db8:a:a::/64 serán reenviados a la interfaz serial 0/0/0 independientemente de lo que pueda indicar la tabla de enrutamiento.

Además de definir una interfaz de salida, es posible indicar otros parámetros como la dirección IPv6 del próximo salto.

✎ Cuando se utiliza el comando `set interface` es necesario que la interfaz de salida indicada debe ser una interfaz tipo punto a punto.

```
Router(config-route-map)#route-map POLITICA permit 20
```

Todo route map descarta todo tráfico que no coincida con el criterio de selección que se definió.

Consecuentemente, si se desea que el tráfico al que no se aplica la política sea enrutado de acuerdo a lo indicado en la tabla de enrutamiento del dispositivo, es necesario agregar al final del route map una sentencia `permit` sin ningún detalle adicional. De esta forma, todo el tráfico que no coincidió con los criterios de las sentencias anteriores coincidirá con esta sentencia (equivale a un permitir todo), y pasará entonces a ser procesado utilizando la información de la tabla de enrutamiento.

```
Router(config-route-map)#exit
Router(config)#interface GigabitEthernet0/0
Router(config-if)#ipv6 policy route-map POLITICA
```

Este comando aplica el route map a una interfaz. Se aplica en la interfaz entrante, aquella a través de la cual se espera que ingrese el tráfico que debe ser sometido a la política.

✎ A partir de IOS 12.3(7)T las políticas IPv6 definidas de esta manera están soportadas en CEF. No se requiere ninguna configuración adicional ya que solo se necesita la activación de CEF para IPv6.

Enrutamiento utilizando extensiones del encabezado

En IPv6 también es posible definir la ruta que debe tomar un paquete utilizando la extensión de encabezado de enrutamiento (ID 43). Esta es otra manera de realizar enrutamiento en base a políticas, aunque no es lo que tradicionalmente se entiende por PBR.

Hay dos tipos de encabezados de enrutamiento:

- Tipo 0.
  Permite definir una sucesión de routers intermedios hasta alcanzar el destino.

- Tipo 2.
  Utilizado en el Mobile IPv6.

Los encabezados tipo 0 permiten definir una ruta entre origen y destino diseñando una sucesión de próximos saltos IPv6. Cuando un dispositivo recibe un paquete con una extensión de encabezado 43 verifica la lista de direcciones que se encuentra en la extensión y analiza si alguna de sus interfaces tiene alguna de las direcciones IPv6 de la lista, si encuentra una de sus interfaces en la lista entonces el paquete se reenvía a través de esa interfaz.

Este tipo de implementaciones es considerado una brecha de seguridad ya que no es posible contar con un control adecuado de las reglas y políticas de enrutamiento definidas por este procedimiento. Por este motivo las extensiones de enrutamiento tipo 0 han sido declaradas como obsoletas por el RFC 5095 y pueden ser completamente deshabilitadas en los routers utilizando el comando `no ipv6 source-route`. Los encabezados tipo 2 que son utilizados en IPv6 mobile, por el contrario, suelen estar permitidos.

FHRP para redes IPv6

En los casos de redundancia de gateway en las redes LAN se requiere la implementación de un protocolo que gestione esta redundancia. Tal como ocurre en redes IPv4, en IPv6 esto se hace utilizando un protocolo de redundancia del primer salto (FHRP) que puede ser tanto HSRP como GLBP.

En ambos protocolos (HSRP y GLBP) el concepto básico de su operación es semejante a las versiones correspondientes de ambos protocolos, para entornos IPv4. Sin embargo hay que tener presente que en redes IPv6 la operación de ARP (propia de redes IPv4) que se utiliza para aprender la dirección MAC del gateway es reemplazada por el procedimiento de neighbor discovery que utiliza mensajes ICMPv6, propio de arquitecturas IPv6.

> ✎ Hay una versión de VRRP para redes IPv6 descripta en el RFC 5798 que no ha sido incorporada en Cisco IOS hasta su reléase 15.4.

HSRP IPv6

HSPRv2 ofrece soporte para redes IPv6.

En el caso de HSRP el protocolo asume la utilización de una IP virtual (que no está asignada a ningún puerto) y una MAC virtual (que se genera automáticamente) que son utilizados por el router activo para recibir el tráfico de la red LAN que desea "salir".

El monitoreo de la operación dispositivos (el activo y el standby) lo realiza el protocolo en base al intercambio de paquetes hello entre ambos.

Las particularidades de esta versión de HSRP son las siguientes:

- Opera utilizando direcciones IPv6 link local.

- La dirección IPv6 del Gateway no es necesario aprenderla por configuración sino que se puede adquirir través del procedimiento de route solicitation utilizando paquetes ICMPv6.

- Se proporciona un único primer salto virtual para cada terminal IPv6.

- Cada grupo HSRP utiliza una dirección MAC virtual que se deriva del número de grupo, y una dirección IPv6 link local virtual derivada por defecto de la MAC virtual.

- Cuando el grupo está activo, el router activo envía paquetes ICMPv6 Router Advertisement periódicos publicando la dirección IPv6 link local asignada al grupo.

- Utiliza UDP en la capa de transporte, puerto 2029.

- No soporta la implementación de distribución de carga, pero es posible realizarla utilizando múltiples grupos como en IPv4.

Elección del router activo

Se utiliza un mecanismo de prioridad para definir cuál será el dispositivo activo dentro de un grupo.

- La prioridad por defecto es 100.

- Se elige como activo el dispositivo con prioridad más alta.

- Se compara la prioridad de todos los dispositivos miembros de un mismo grupo.

  o Primero se compara prioridad.
    Se elige como activo el dispositivo con prioridad más alta dentro del grupo.

  o A igual prioridad se elige el dispositivo con IP más alta.

  o La elección de router activo por defecto no fuerza la re-negociación. Consecuencia: por defecto, el primer router en levantar HSRP queda como activo porque no compite con ningún otro en la negociación inicial. Para que se fuerce la re-negociación es preciso utilizar el keyword `preempt`.

  o La segunda prioridad más alta, o la segunda IP más alta se elige como router de respaldo.

- Solo los routers activo y standby envían actualizaciones.

- Es posible hacer monitoreo (tracking) de un elemento para mantener o modificar la prioridad en función de un cambio.

- Se puede hacer tracking de diferentes elementos:

  o Una interfaz.

  o El estado del protocolo en una interfaz.

  o La presencia de una ruta en la tabla de enrutamiento.

  o El valor de la métrica de una ruta.

  o La operación de un SLA.

- Ante la falla del elemento del que se hace seguimiento se decrementa el valor de prioridad. Cuando esa prioridad desciende por debajo del valor del router standby, ese dispositivo asume el rol de activo.

- Esta función debe utilizarse en combinación con el keyword `preempt`.

Configuración de HSRPv2

La configuración es muy semejante a la configuración en entornos IPv4.

```
Router(config)#interface GigabitEthernet0/0
Router(config-if)#ipv6 address 2001:db8:1:1::1/64
Router(config-if)#standby version 2
```
Activa la versión 2 de HSRP que es la única que soporta IPv6.

```
Router(config-if)#standby 1 ipv6 autoconfig
```
Al utilizar el keyword autoconfig, se generará automáticamente la MAC virtual (utilizando 001 en referencia al grupo 1 para los 3 últimos caracteres), y luego derivará la dirección link local virtual correspondiente utilizando EUI-64.

```
Router(config-if)#standby 1 priority 110
Router(config-if)#standby 1 preempt
```
Los comandos priority y preempt operan de modo conjunto asegurando que mientras esté operativo este router será el active ya que tiene una prioridad mayor a la prioridad por defecto.

La sintaxis y operación de estos comandos es la misma en que HSRP versión 1.

```
Router(config-if)#standby 1 tracking Serial 0/0/0 decrement 20
```
Activa el monitoreo de la interfaz de referencia (en este caso la Serial 0/0/0) y define que en caso de que la interfaz deje de ser operativa el valor de prioridad definido para este grupo (el grupo 1 en este caso) se reduzca en 20. En este ejemplo dado que la prioridad definida es 110 al reducirla es 20 cuando la interfaz Serial 0/0/0 salga de operación pasará a ser 90 y en consecuencia el router standby (prioridad 100 por defecto) pasará a ser el router activo.

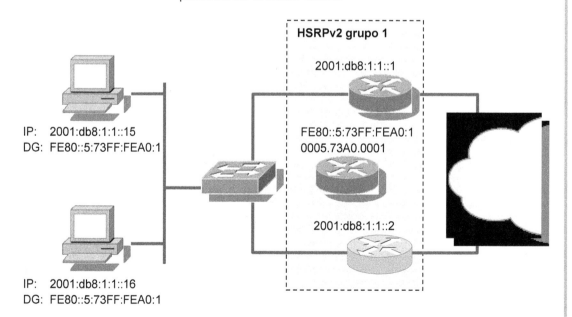

Cuando la interfaz vuelva a ser operativa este router volverá a ser el activo dado que se ha indicado forzar la renegociación por el comando `preempt`.

Monitoreo de HSRP

`Router#show standby`

Permite monitorear el estado del grupo HSRP.

Se puede verificar la MAC virtual, la IPv6 link local derivada, los temporizadores, dirección del router standby, y valores de prioridad de cada dispositivo.

GLBP

La diferencia operativa más notable de este protocolo respecto de otros protocolos semejantes es su capacidad de realizar distribución de la carga de tráfico entre los múltiples gateways de la red. Esta posibilidad es particularmente atractiva en redes IPv6 en las cuales, al utilizar prefijos /64, es posible alojar una gran cantidad de dispositivos en el mismo segmento de red, por lo que adquiere mayor relevancia la posibilidad de la distribución de carga.

La responsabilidad de gestionar esta distribución de carga es del dispositivo definido como AVG. Este dispositivo asigna una MAC virtual para cada uno de los miembros del grupo GLBP y luego asigna de modo rotativo esas MACs a los terminales como MAC del default gateway. De esta manera, todos los clientes tienen una misma IPv6 (virtual) como default gateway, pero cada uno utiliza diferente MAC virtual para encapsular el tráfico saliente.

De esta manera GLBP permite utilizar completamente los recursos redundantes disponibles en la LAN sin la carga administrativa de generar y gestionar diferentes grupos como ocurre en HSRP.

- Es propietario de Cisco.
- Opera utilizando direcciones IPv6 link local.
- La dirección IPv6 del Gateway no es necesario aprenderla por configuración sino que se puede adquirir través del procedimiento de route solicitation utilizando paquetes ICMPv6.
- Para asegurar la distribución de tráfico utiliza una única IPv6 virtual asociada a múltiples MAC virtuales (una para cada AVF).
- Un grupo de routers GLBP puede estar conformado por hasta 4 dispositivos.
- Dentro del grupo se elige un AVG (Active Virtual Gateway) que es el responsable de asignar a cada miembro del grupo una MAC virtual. Es también el responsable de asignar a cada terminal la MAC de su default gateway.
- Los demás miembros del grupo reciben la denominación de AVF (Active Virtual Forwarder).
- Todos los dispositivos son activos.

Entre las particularidades de la implementación de GLBP para IPv6 se destacan:

- Redundancia de AVG:

    o Elige un AVG primario y un secundario. Los demás quedan como standby en este aspecto.

    o La elección de primario y secundario se hace por el mecanismo de prioridad.

    o Los demás dispositivos del grupo son incorporados en una lista de SVG (Standby Virtual Gateway).

- La elección de AVG primario y secundario por defecto no fuerza la re-negociación. Consecuencia: por defecto, el primer router en levantar GLBP queda como AVG porque no compite con ningún otro en la negociación inicial. Para que se fuerce la re-negociación es preciso utilizar el keyword `preempt`.

- También soporta redundancia de AVF. Si un AVF falla y hay routers secundarios (SVF – Standby Router Forwarder), uno de estos asume el reenvío del tráfico direccionado a la MAC virtual del AVF que falló.

- Para controlar la operación de los SVF se implementa un modelo de "pesos" que permite definir la capacidad de reenvío de cada router en el grupo GLBP. El peso (weight) asignado a un router se utiliza a modo de prioridad para definir qué dispositivo opera como AVF y qué proporción de terminales son las que utilizaran ese dispositivo como gateway.

- Ese pero puede ser ajustado automáticamente aplicando seguimiento (tracking) de una interfaz de modo que si esa interfaz deja de ser operativa, se reduce el peso del dispositivo. El valor de weight por defecto es 100.

Configuración de GLBP para IPv6

La configuración es muy semejante a la configuración en entornos IPv4.

```
Router(config)#track 2 interface serial 0/0/0 line-protocol
```

Define un objeto de seguimiento que luego se asociará al proceso de GLBP para definir si el dispositivo debe o no dejar de reenviar tráfico.

El objeto se identifica con un ID (en este caso 2) que luego se utilizará para su asociación.

En este caso se hace seguimiento del estado del protocolo de la interfaz Serial 0/0/0.

```
Router(config)#interface GigabitEthernet0/0
Router(config-if)#ipv6 address 2001:db8:1:1::1/64
Router(config-if)#glbp 1 ipv6 autoconfig
```

Como en HSRP se requiere un ID de grupo, que en este caso es 1.

Al utilizar el keyword autoconfig, se generará automáticamente la MAC virtual utilizando 1 en referencia al grupo 1 y las 2 últimos caracteres son 01 para el AVG y secuencialmente 02, 03 y así para identificar cada uno de los AVF. Luego derivará la dirección link local virtual correspondiente utilizando EUI-64.

También puede asignarse una dirección link local estática.

```
Router(config-if)#glbp 1 priority 110
Router(config-if)#glbp 1 preempt
```

Los comandos priority y preempt operan de modo conjunto asegurando que mientras esté operativo este router será el AVG ya que tiene una prioridad mayor a la prioridad por defecto (100). El comando fuerza la recuperación del AVG, no de los AVFs.

La sintaxis y operación de estos comandos es la misma en que GLBP para IPv4.

```
Router(config-if)#glbp 1 forwarder preempt
```

El comando fuerza la recuperación de un router AVF luego de que haya sido reemplazado por un SVF. Por defecto el dispositivo recupera su estado de AVF con un delay de 30 segundos que puede cambiarse por configuración.

```
Router(config-if)#glbp 1 weighting track 2 decrement 5
```

Asocia el objeto de seguimiento creado antes al proceso de GLBP para que si el objeto deja de responder entonces se reduzca el peso (weight) de la interfaz en un valor determinado (en este caso 5).

Monitoreo de GLBP

```
Router#show glbp
```

Es el comando básico para monitorear la operación de GLBP. Permite verificar la dirección IPv6 virtual asignada, cuál es el AVG y el SVG, y los miembros que componen el grupo GLBP.

	HSRPv2	GLBP
Dirección de hello	FF02::66	FF02::66
Puerto UDP	2029	3222
Utiliza direcciones	Link local	Link Local
MAC virtual	1 / grupo HSRP 0005.73A0.0xxx	Múltiples 0007.B400.0xyy
IPv6 virtual automática	Link local derivada de la MAC virtual FE80::5:73FF:FEA0:xxx	Link local derivada de la MAC virtual FE80::7:B4FF:FE00:0xyy
Host aprende el default-gateway vía...	Neighbor discovery	Neighbor discovery
Router Advertisement enviado por...	Router activo	---
Elige activo / standby	Si	No
Elige AVG / AVF	No	Si
Implementa mecanismo de prioridad	Si	Si
Distribución de la carga de tráfico	No	Si
Múltiples grupos en una interfaz	Si	Si
Soporta seguimiento de objetos	Si	Si

Redistribución de rutas

Hay múltiples escenarios en los que por circunstancias diversas es necesario que una red opere con más de un protocolo de enrutamiento.

Diferentes protocolo implementan diferentes métricas y diferentes algoritmos de cálculo de las mismas, motivo por el cual los diferentes protocolos no pueden en sí mismos intercambiar información de enrutamiento entre sí. La implementación de redistribución de rutas permite que diferentes protocolos intercambien información de enrutamiento entre sí, pero esto puede provocar que se utilicen rutas que quizás no sean las óptimas.

Dado que cuando se implementa redistribución de rutas se abandona la lógica interna de cada protocolo para seleccionar la mejor ruta y resolver posibles bucles de enrutamiento, es preciso realizar un análisis pormenorizado del que debe desprenderse un diseño prolijo que implemente los mecanismos de filtrado de rutas que sean necesarios.

La redistribución se configura en el proceso de enrutamiento que recibe las rutas, definiendo cuáles son las rutas a redistribuir con este proceso, y con qué métrica. Las rutas a distribuir se definen indicando su origen: directamente conectadas, estáticas, o aprendidas por otro protocolo de enrutamiento.

El proceso de configuración es el siguiente:

1. Identificar el router de frontera.

2. Determinar cuál es el protocolo que recibirá la información de enrutamiento.

3. Determinar las fuentes de información a redistribuir.

4. Definir el método de redistribución a implementar.

```
Router(config)#ipv6 router [protocolo]
Router(config-rtr)#redistribute [fuente] metric [métrica] include-
connected
```

El comando es esencialmente el mismo que se utiliza para redistribuir rutas IPv4.

La diferencia clave es que en IPv6 la redistribución NO incluye por defecto las interfaces directamente conectadas que han sido incluidas en el proceso del protocolo origen; por lo que si se desea incluirlas se requiere que se declare específicamente utilizando el keyword include-connected.

Redistribución de redes directamente conectadas

Los segmentos directamente conectados a un router pueden ser incluidos en el proceso de un protocolo de enrutamiento de dos maneras.

La primera, es incluyendo las interfaces correspondientes en el proceso de un protocolo de enrutamiento; al redistribuir ese protocolo de enrutamiento se pueden incluir los segmentos directamente conectados utilizando el keyword include-connected.

La segunda es redistribuir esos segmentos como directamente conectados dentro del protocolo que se desea que los propague.

```
Router(config-rtr)#redistribute connected
```

Si se desea discriminar qué segmentos conectados se desean redistribuir y cuáles no es necesario agregar un route map con ese propósito.

Redistribución de rutas estáticas

Cuando se implementa enrutamiento estático en un sector de la red, se hace necesario en algún punto redistribuir las rutas estáticas en el protocolo de enrutamiento dinámico.

La redistribución de rutas estáticas también puede ser controlada utilizando un route map ya que el comando indica que se redistribuyan todas las rutas estáticas presentes en la tabla de enrutamiento del dispositivo dentro del protocolo de enrutamiento. Si no se desea redistribuir todas las rutas estáticas entonces es necesario aplicar un router map para definir cuáles son las rutas que se desea redistribuir y cuáles no.

Adicionalmente, algunos protocolos (como es el caso de OSPF) soportan que se marquen las rutas redistribuidas con una etiqueta para luego poder aplicar políticas a esas rutas basadas en la etiqueta (tag).

```
Router(config-rtr)#redistribute static tag [etiqueta]
```

El agregado de la etiqueta, igual que el de un route map, es optativo.

Redistribución de rutas dentro de RIPng

Como ocurre en redes IPv4 con RIP, al redistribuir rutas dentro del proceso de RIPng se les aplica como métrica por defecto 16 saltos, con lo cual las rutas redistribuidas en RIPng se tratan, por defecto, como redes inalcanzables y por lo tanto no se instalan en la tabla de enrutamiento del dispositivo vecino. En consecuencia, al redistribuir rutas dentro de RIPng es necesario especificar una métrica de al menos 14 saltos para que el router vecino pueda aprender esa ruta.

Más allá de eso, el proceso de RIPng no diferencia rutas internas y externas (redistribuidas) por lo que cuando es necesario diferenciar ambas rutas se debe utilizar etiquetado de rutas.

Cuando una ruta es marcada con una etiqueta RIP almacena esa información en la tabla de enrutamiento y el protocolo la comunica junto con la ruta.

```
Router(config)#ipv6 router rip TEST
Router(config-router)#redistribute [protocolo] metric [métrica]
```

Redistribución de rutas dentro de OSPFv3

```
Router(config)#ipv6 router ospf 1
Router(config-rtr)#redistribute [prot] metric [métrica] metric-type
[tipo] include-connected
```

En OSPF si no se especifica la métrica, las rutas serán asumidas con la métrica por defecto y como rutas externas tipo 2. Para modificar estas opciones el parámetro metric permite definir un valor diferente del asumido por defecto, y el parámetro metric-type permite asumirlas como rutas externas tipo 1.

🖎 Rutas OSPF tipo 1.
Ruta externa introducida en el proceso de OSPF con la métrica por defecto, y que sigue la lógica propia del protocolo para incrementar métrica en cada salto.

🖎 Rutas OSPF tipo 2.
Ruta externa introducida en el proceso de OSPF con la métrica por defecto, pero que NO incrementa métrica siguiendo la lógica del protocolo.

El comando es semejante al utilizado en OSPFv2, con la diferencia de utilizar el keyword `include-connected` si se desea incluir las interfaces directamente conectadas.

Cuando se redistribuyen rutas OSPFv3 dentro de otro protocolo es preciso filtrarlas directamente por tipo de ruta (interna o externa), e incluso según sean generadas en áreas stubby o not-so-stubby.

Listas de distribución

Las listas de acceso tradicionales no impactan en el tráfico originado en el mismo dispositivo, consecuentemente, las ACLs aplicadas a interfaces no tienen efecto en las actualizaciones de enrutamiento que se envían. En este sentido, cuando una ACL se asocia a una distribute list es posible controlar las actualizaciones de enrutamiento.

- Se crea una lista de acceso en la configuración global.

- Se asocia la ACL a una lista de distribución dentro del proceso de un protocolo de enrutamiento.
  La ACL debe permitir las redes o subredes que se desean publicar a través del protocolo de enrutamiento.

- Como efecto, se filtran las rutas que se publican a través de ese protocolo de enrutamiento.

Esta técnica permite filtrar selectivamente la publicación de rutas, evitando que rutas específicas sean publicadas sobre determinados enlaces.

Para filtrar actualizaciones salientes.

```
Router(config)#ipv6 access-list TEST
Router(config-ipv6-acl)#permit ipv6 2001:db8:a:a::/64
```
Se debe crear una ACL que permita los prefijos que se desean publicar.

El deny all implícito al final de la ACL impone que solamente las rutas permitidas en la misma serán propagadas.

```
Router(config-ipv6-acl)#exit
Router(config)#ipv6 router ospf 1
Router(config-rtr)#distribute-list TEST out GigabitEthernet0/0
```
Filtra actualizaciones de enrutamiento a publicar por la interfaz que se indica, en este caso la GigabitEthernet0/0.

No filtran la publicación de LSAs, en consecuencia se puede levantar adyacencia.

🖎 En las distribute lists puede aplicarse tanto una ACL como un route map.

Para filtrar actualizaciones entrantes.

```
Router(config)#ipv6 access-list TEST
Router(config-ipv6-acl)#permit ipv6 2001:db8:a:a::/64
Router(config-ipv6-acl)#exit
Router(config)#ipv6 router OSPF 1
Router(config-rtr)#distribute-list TEST in GigabitEthernet0/1
```

Filtra actualizaciones de enrutamiento entrantes, antes de que sean incorporadas a la base de datos del protocolo.

En el caso de OSPF los LSAs se incorporan en la LSDB, pero no actualizan la tabla de enrutamiento.

Listas de prefijos

El uso de listas de acceso para el filtrado de rutas tiene algunas desventajas:

*   Se evalúan secuencialmente para cada prefijo IP que hay en las actualizaciones de enrutamiento.

*   Las ACLs extendidas pueden resultar más complicadas de configurar.

Cuando se trata de filtrar actualizaciones de enrutamiento, las listas de prefijos (prefix lists) son una herramienta específicamente desarrollada con ese propósito. Las características principales de las prefix-list son las siguientes:

*   Las sentencias que componen la lista no se procesan secuencialmente, sino que IOS las convierte en una estructura de árbol para agilizar su análisis.

*   Como en el caso de las ACLs implementan número de secuencia para ordenar las sentencias.

*   Como en el caso de las listas de acceso, al final de la lista de prefijos hay un deny all implícito.

🖎 Consecuencia:
Toda lista de prefijos incluye al menos una sentencia permit.

Configuración de un prefix-list

```
Rtr(config)#ipv6 prefix-list PRUEBA seq 10 permit 2001:db8:a:a::/64
```

Crea y configura una lista de prefijos identificada con un nombre (en este caso PRUEBA).

Las múltiples sentencias de la lista de prefijos se ordenarán utilizando el número de secuencia que se utiliza (en el ejemplo,

10). La sentencia puede permitir o bloquear prefijos. En este caso permite un prefijo /64.

```
Router(config)#ipv6 prefix-list PRUEBA seq 20 permit 2001:db8:0:1::/64
Router(config)#ipv6 router ospf 1
Router(config-rtr)#distribute-list prefix PRUEBA out GigabitEthernet0/0
```
Aplica la lista de prefijos que se creó antes a las actualizaciones de OSPF que se publiquen a través de la interfaz Gigabit 0/0.

Para verificar la configuración de la lista de prefijos:

```
Router#show ipv6 prefix-list ipv6
Router#show ipv6 prefix-list summary
```

Route Maps

Un route map es una secuencia ordenada de criterios de selección con los cuales se confronta un paquete o ruta (match); en función del resultado de esa revisión se define una acción específica (set).

Cada route map es identificado con un nombre o etiqueta, y las sentencias que lo componen están ordenadas y secuenciadas. Cada sentencia puede ser editada individualmente.

La diferencia principal con las ACLs es que el comando set permite no solo descartar o aceptar, sino también modificar el paquete o ruta.

Características:

- Están identificados con un nombre.
- Se componen de un conjunto ordenado de sentencias.
- Las sentencias se verifican de modo secuencial, de menor a mayor de acuerdo al número de sentencia.
- Cada sentencia puede incluir múltiples condiciones.
- El procesamiento del paquete se detiene cuando se encuentra la primera coincidencia entre una sentencia y el paquete.
- El paquete se procesa en función de las definiciones de permit y deny de la primera sentencia con la que encontró coincidencia.
- Hay una sentencia de denegación implícita al final de todo route map. Sus consecuencias dependen de la aplicación del route map.
- Múltiples criterios en una misma línea se procesan como alternativas (OR).
- Múltiples criterios en líneas consecutivas se procesan como adiciones (AND).
- Las líneas match definen las condiciones a verificar.
- Las líneas set definen las acciones a tomar.

- La acción a tomar puede significar la modificación de atributos del paquete o ruta.

Los route maps se puede utilizar con diferentes propósitos. Los más habituales son:

- Filtrado de rutas redistribuidas.
  Los route maps brindan algunos beneficios adicionales al uso de listas de distribución, debido a la posibilidad de utilizar comandos set.

- Enrutamiento basado en políticas (PBR).
  En este caso, los comandos sets se utilizan para definir la interfaz de salida o la IP del próximo salto sin necesidad de acudir a la tabla de enrutamiento.

- Implementación de políticas en BGP.
  Los route maps son las herramientas primarias para la implementación de políticas de enrutamiento en entornos BGP ya que permiten la manipulación de los atributos de las rutas.

Utilización de Route Maps para Manipulación de Rutas

Cuando se aplican route maps a la redistribución de rutas:

- Si la ruta o prefijo coincide con lo detallado en una sentencia permit, entonces se modifica la métrica u otro parámetro definido y se permite la redistribución de esa ruta.

- Si la ruta o prefijo coincide con lo especificado en una sentencia deny, esa ruta no será redistribuida.

- Si se llega al final del route map y la ruta o prefijo no ha coincidido con ninguna sentencia, la ruta se deniega y no es redistribuida.

Configuración de route maps

1. Cree el route map asignándole un nombre.

2. Defina las condiciones a cumplir (match).

3. Defina la acción a ejecutar cuando se cumple la condición (set).

4. Aplique el route map, en nuestro caso al proceso de redistribución.

```
Router(config)#route-map [nombre] [permit|deny] [#]
Router(config-route-map)#match [condición] [condición]
Router(config-route-map)#set [acción]
Router(config-route-map)#exit
Router(config)#route [protocolo]
Router(config-router)#redistribute [prot] route-map [nombre]
```
La asociación del route map se hace al final del comando de redistribución.

Para el desarrollo de los comandos utilizaremos un ejemplo de implementación de route map en procesos de redistribución de rutas:

```
Router(config)#ipv6 prefix-list PR permit 2001:db8:a:a::/64
Router(config)#ipv6 prefix-list PR permit 2001:db8:0:1::/64
```

Utilizamos una lista de prefijos para definir cuáles son los prefijos que se redistribuirán.

```
Router(config)#route-map IPv6_OSPF permit 10
```

El comando crea un route map inexistente, o ingresa a la configuración de una ya existente para editarlo.

Se le asigna un nombre, sensible a mayúscula / minúscula (en este caso IPv6_OSPF).

El número al final de la línea es el número de secuencia. Si no se especifica uno, IOS asigna automáticamente sobre la base de 10 en 10.

```
Router(config-route-map)#match ipv6 address prefix-list PR
```

Especifica un criterio de coincidencia. En este caso aplica la lista de prefijos que se creó antes.

Cuando se incorporan varias condiciones en la misma línea equivale a una sentencia OR. Si se ponen varias sentencias match consecutivas, equivalen a una sentencia AND.

Cada sentencia del route map debe contener al menos un comando match.

```
Router(config-route-map)#set metric 30
Router(config-route-map)#set metric-type type-1
```

Los comandos set indican una o varias acciones a aplicar a la ruta o paquete. Su presencia es opcional y puede definirse más de una acción.

En este caso definen que las rutas redistribuidas utilizarán una métrica inicial de 30 y se propagarán como rutas externas tipo 1.

```
Router(config-route-map)#exit
Router(config)#ipv6 router ospf 1
Router(config-router)#redistribute rip route-map IPv6_OSPF
```

Asocia el route map que acabamos de crear al proceso de redistribución de rutas aprendidas por RIP dentro del proceso de OSPF.

Laboratorios

Topología

Todos los laboratorios presentados en este manual pueden ser realizados utilizando un laboratorio conformado por 3 routers Cisco dotados con sistema operativo Cisco IOS 15.2 o superior y 3 terminales conectadas con sistema operativo Microsoft.

Los routers pueden ser dispositivos físicos (routers Cisco 1900 o superiores) o virtuales (CSR 1000v), del mismo modo, los terminales pueden ser máquinas virtuales.

La topología utilizada es la siguiente:

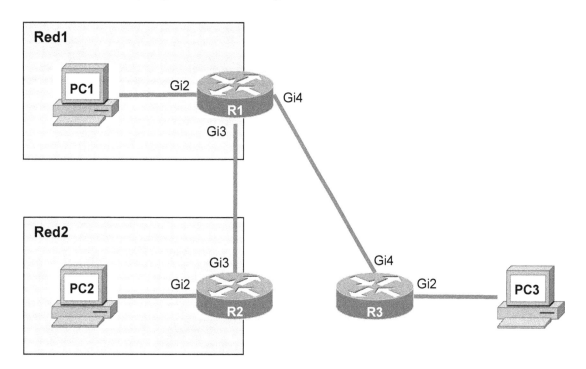

El esquema de direccionamiento propuesto es el siguiente:

Dispositivo	Interfaz	IPv4	IPv6
R1	Gi2	192.168.1.1/24	2001:db8:1:1::1/64
	Gi3	192.168.101.1/30	2001:db8:1:a::1/64
	Lo1	--	2001:db8:1:100::1/64
	Lo2	--	2001:db8:1:200::1/64
	G4	--	2001:db8:1:300::2/64
R2	Gi2	192.168.2.1/24	2001:db8:2:1::1/64
	Gi3	192.168.101.2/30	2001:db8:1:a::2/64
	Lo1	--	2001:db8:2:100::1/64

Dispositivo	Interfaz	IPv4	IPv6
	Lo2	--	2001:db8:2:200::1/64
R3	G2	192.168.3.1/24	2001:db8:10:1::1/64
	G4	--	2001:db8:1:300::1/64
	Lo1	--	2001:db8:14::1/64
	Lo2	--	2001:db8:15::1/64
	Lo3	--	2001:db8:16::1/64
	Lo4	--	2001:db8:17::1/64
PC1	Lab	192.168.1.2/24	2001:db8:1:1::f/64
PC2	Lab	192.168.2.2/24	2001:db8:2:1::f/64
PC3	Lab	192.168.3.2/24	2001:db8:10:1::f/64

Lab 4-1 – OSPFv3

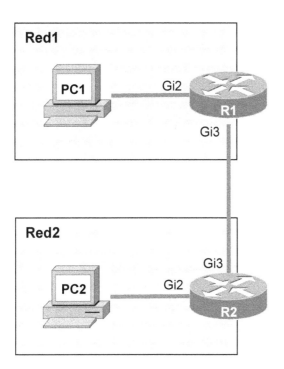

Objetivo

Es este ejercicio configuraremos enrutamiento OSPFv3 para poder revisar su operación y monitoreo, incluido el anuncio de rutas sumarizadas.

Para las tareas de configuración considere la siguiente información:

Router R1:

- Process ID: 1

- Router ID: 192.168.1.1

- Area 0: Gi2
  Loopback 1
  Loopback 2

- Area 1: Gi3

Router R2:

- Process ID: 1

- Router ID: 192.168.2.1

- Area 1: Gi2
  Gi3
  Loopback 1
  Loopback 2

Configuración de OSPF

1. Implemente OSPFv3 en el Router R1 utilizando los parámetros indicados arriba.

2. Implemente OSPFv3 en el Router R2 utilizando los parámetros indicados arriba.

3. Verifique los detalles del proceso de OSPF en R1 utilizando el comando `show ipv6 ospf`. Debe mostrarse como un ABR.

4. Verifique los detalles del proceso de OSPF en R2 utilizando el comando `show ipv6 ospf`. En este caso se debe visualizar que se trata de un dispositivo intra área.

5. En R1 verifique la operación detallada de OSPF utilizando el comando `show ipv6 ospf interface`.

6. Revise las tablas de enrutamiento de R1 y R2 utilizando el comando `show ipv6 route`.

7. Verifique las relaciones de vecindad de R1 y R2 utilizando el comando `show ipv6 ospf neighbor`.

8. Puede verificar los detalles de la operación con cada vecino utilizando en cada caso el comando `show ipv6 ospf neighbor detail [interfaz]`.

9. Desde la PC1 verifique que accede a la PC 2 ejecutando ping a la dirección IP 2001:db8:2:1::f

10. Verifique la ruta entre ambos dispositivos realizando un tracert desde la PC1 a la misma dirección IPv6.

11. Verifique el envío y recepción de paquetes hello entre ambos dispositivos utilizando en R1 el comando `debug ipv6 ospf hello`.

Aplique sumarización de rutas

1. En R1 configure una ruta sumarizada a las redes comprendidas en el área 0 utilizando el prefijo 2001:db8:1::/48.

2. En R2 verifique que aparece la ruta sumaria utilizando el comando `show ipv6 route`.

Comandos a considerar

```
Router(config)#ipv6 router ospf [ID]
Router(config-rtr)#router-id [ID]
Router(config-rtr)#area [ID] range [prefijo]
Router(config-rtr)#log-adjacency-changes
Router(config-if)#ipv6 ospf [ID] area [ID]

Router#clear ipv6 ospf
Router#debug ipv6 ospf
Router#show ipv6 interface brief
Router#show ipv6 ospf
Router#show ipv6 route
Router#show ipv6 ospf neighbor
Router#show ipv6 ospf neighbor detail
```

Lab 4-2 – EIGRP

Objetivo

Es este ejercicio configuraremos enrutamiento EIGRP para poder revisar su operación y monitoreo, incluido el anuncio de rutas sumarizadas.

Para las tareas de configuración considere la siguiente información:

Router R1:

- AS: 1

- Router ID: 192.168.1.1

- Interfaces activas: Gi2
  G3

- Interfaces pasivas: Loopback 1
  Loopback 2

Router R2:

- AS: 1

- Router ID: 192.168.2.1

- Interfaces activas: Gi2
  Gi3

- Interfaces pasivas: Loopback 1
                          Loopback 2

Configuración de EIGRP

1. Remueva el proceso de OSPFv3 que se encuentra activo, tanto de la configuración global como de las interfaces.

2. Verifique la remoción completa de OSPFv3 utilizando el comando `show ipv6 protocols`.

3. Configure EIGRP para IPv6 en el R1 y el R2 utilizando los parámetros que se indican arriba.

4. Habilite el proceso de EIGRP en las interfaces donde corresponda.

5. Verifique el estado de las interfaces que operan con EIGRP utilizando el comando `show ipv6 eigrp interfaces`.

6. En R1 verifique el estado de su adyacencia con R2 utilizando el comando `show ipv6 eigrp neighbors`.

7. Verifique la tabla topológica de EIGRP en R1 utilizando el comando `show ipv6 eigrp topology`.

8. Analice las rutas IPv6 aprendidas en ambos routers utilizando el comando `show ipv6 route`.

9. Verifique la conectividad entre ambas terminales realizando ping en la PC1 a la dirección IP 2001:db8:2:1::f

Aplique sumarización de rutas

1. En R1 configure una ruta sumarizada hacia R2 utilizando el prefijo 2001:db8:1::/48, de modo que se propague solo la ruta sumarizada.

2. En R2 verifique que aparece la ruta sumaria utilizando el comando `show ipv6 route`.

Comandos a considerar

```
Router(config)#ipv6 router eigrp [AS]
Router(config-rtr)#eigrp router-id [ID]
Router(config-if)#ipv6 eigrp [AS]
Router(config-if)#ipv6 summary-address eigrp [AS] [prefijo]
Router(config-if)#passive-interface

Router#show ipv6 interface brief
Router#show ipv6 route
Router#show ipv6 protocols
Router#show ipv6 eigrp interfaces
Router#show ipv6 eigrp neighbor
Router#show ipv6 eigrp topology
```

Lab 4-3 – MP-BGP

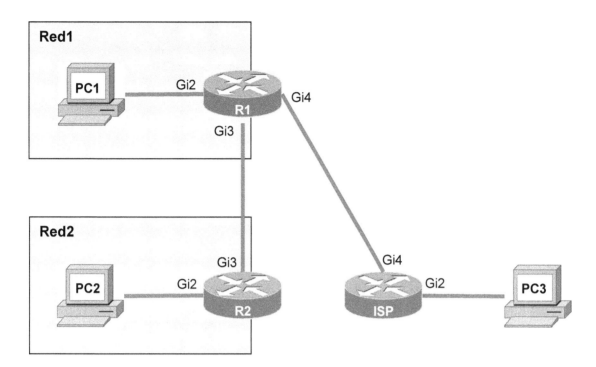

Objetivo

En este ejercicio configuraremos iBGP y eBGP para IPv6. Para esto consideraremos los routers R1 y R2 como parte de un sistema autónomo corporativo identificado con el ID 65001, y el R3 que se muestra como el router de borde del ISP cuyo ID de AS es el 64512.

Finalmente aplicaremos una lista de prefijos en el R1 para controlar la información que se publica hacia el ISP.

Para las tareas considere la siguiente información:

Router R1:

- AS: 65001

- Propagación de IPv4: No

- Propagación de IPv6: Si

- Source address: Loopback 1

- Redistribuye en BGP: Rutas IPv6 directamente conectadas
  Configurar el origen como IGP.

Router R2:

- AS: 65001

- Propagación de IPv4: No

- Propagación de IPv6:   Si

- Source address: Loopback 1

- Redistribuye en BGP: Rutas IPv6 directamente conectadas
  Configurar el origen como IGP.

Router R3 (ISP):

- AS: 64512

- Propagación de IPv4:   No

- Propagación de IPv6:   Si

- Source address: Gi4

- Source address R1:   G4

- Next Hop: Gi2

- Redistribuye en BGP: Rutas IPv6 directamente conectadas a interfaces
  loopback.

Configuración de iBGP

1. Configure iBGP entre los routers R1 y R2 utilizando para esta tarea la información que se proporcionó antes.

2. Una vez cumplida la tarea y establecida la vecindad entre R1 y R2 verifique en R1 el estado de la sesión iBGP utilizando el comando `show ip bgp ipv6 unicast summary`.

3. Verifique los detalles de la sesión iBGP utilizando el comando `show bgp ipv6 unicast neighbors 2001:db8:2:100::1/64`

4. Verifique el contenido (rutas IPv6) de la tabla BGP en el router R1 utilizando el comando `show bgp ipv6 unicast`

5. Revise el contenido de la tabla de enrutamiento IPv6 de R1 utilizando el comando `show ipv6 route`. Verifique la disponibilidad de la LAN remota tanto en R1 como en R2.

6. Acceda a la línea de comando de la PC1 y verifique la conectividad con la PC2 ejecutando un `ping 2001:db8:2:1::f`

7. Revise la ruta utilizada para la conexión entre ambas PCs ejecutando un `tracert 2001:db8:2:1::f`

Configure una sesión eBGP

1. Configure una sesión eBGP entre R1 e ISP utilizando los parámetros definidos al inicio.

2. Una vez establecida la vecindad ente R1 e ISP, ingrese a la consola de R1 y revise el estado de las sesiones BGP del router utilizando el comando `show bgp ipv6 unicast summary`. Ahora debe encontrar 2 sesiones operativas: la sesión iBGP con R2 y la nueva sesión eBGP que acaba de establecerse con ISP.

3. Verifique los prefijos que se reciben desde el ISP utilizando el comando `show bgp ipv6 unicast neighbors 2001:db8:1:300::1 routes140`

4. Verifique en R1 los prefijos que se están publicando cuáles son los prefijos que se están anunciando hacia el ISP utilizando el comando `show bgp ipv6 unicast neighbors 2001:db8:1:300::1 advertised-routes`

5. Revise la tabla de enrutamiento de R1 utilizando el comando `show ipv6 route`. Verifique la existencia de una ruta que permita acceder al servidor cuya dirección es `2001:db8:10:1::f`, y verifique también el próximo salto que se declara para esa ruta.

6. Desde la PC1 verifique la conectividad con el servidor ejecutando un `ping 2001:db8:10:1::f`

Configure el filtrado de prefijos IPv6 en BGP

1. En R1 cree una lista de prefijos identificada con el nombre FILTRO que bloquee los siguientes prefijos:

    - 2001:db8:14::/48

    - 2001:db8:15::/48

    - 2001:db8:16::/48

    - 2001:db8:17::/48

    - Todos los otros prefijos deben estar permitidos.

2. Aplique la lista de prefijos que acaba de crear a las actualizaciones eBGP que se reciben del router ISP.

3. En R1 verifique las rutas que se reciben del ISP utilizando el comando `show bgp ipv6 unicast neighbors 2001:db8:1:300::1 routes`.
En este momento aún deben verse los prefijos que ha bloqueado porque aún no se ha forzado el reenvío de información desde ISP.

4. Reinicie en R1 la sesión eBGP utilizando el comando `clear bgp ipv6 unicast 64512 in`.

5. Verifique nuevamente las rutas que se reciben desde ISP en R1. Ahora ya no deben aparecer más los prefijos que se han bloqueado en la lista de prefijos.

Comandos a considerar

```
Router(config)#ipv6 prefix-list [ID] seq [seq] [permit|deny] [prefijo]
Router(config)#route-map [ID] [permit|deny] [seq]
Router(config-route-map)#match [condición]
```

```
Router(config-route-map)#set origin [egp|igp|incomplete]
Router(config-route-map)#exit
Router(config)#router bgp [AS]
Router(config-router)#bgp router-id [ID]
Router(config-router)#neighbor [IP] remote-as [AS]
Router(config-router)#neighbor [IP] update-source [ID]
Router(config-router)#no bgp default ipv4-unicast
Router(config-router)#redistribute connected
Router(config-router)#address-family ipv6 unicast
Router(config-router-af)#neighbor [IP] activate
Router(config-router-af)#neighbor [IP] route-map [ID] [in|out]
Router(config-router-af)#neighbor [IP] prefix-list [ID] [in|out]

Router#show bgp ipv6
Router#show ipv6 interface
Router#show ipv6 route
```

Mecanismos de transición IPv6

> ✎ Las abreviaturas y siglas utilizadas en este manual son de conocimiento común en la industria. Puede encontrar un desarrollo de cada una de ellas en el Glosario de Siglas y Términos de Networking que está publicado en línea en la Librería de EduBooks y es de acceso libre:
> https://es.scribd.com/doc/292165924/Glosario-de-Siglas-y-Terminos-de-Networking-version-1-0

La migración de IPv4 a IPv6 es un proceso desafiante por varios motivos. El primero de ellos es porque en su desarrollo podemos encontrar hardware y software que sólo puede operar en redes IPv4 y que no puede ser fácilmente reemplazado o actualizado.

Por otra parte, en redes corporativas grandes el proceso de migración tiene que considerar la necesidad de mantener la disponibilidad de los servicios y por lo tanto requiere de una determinada gradualidad.

En función de esto la IETF ha desarrollado una serie de mecanismos de transición para la adopción de IPv6.

Sin embargo, no hay un modo único y estándar de realizar la transición de la red. Hay un conjunto de herramientas y recursos disponibles, y cada transición o integración en una red existente es un caso único.

Implementación de Dual-Stack

Quizás, la estrategia preferida para la transición es dual-stack: cada nodo opera simultáneamente con IPv4 e IPv6. Esto permite una transición progresiva uno a uno manteniendo la operación de la red y permitiendo administrar las transiciones.

Es particularmente útil porque algunas aplicaciones requieren ser modificadas para operar sobre IPv6, pero de esta manera al mantener ambos stacks, las aplicaciones viejas o que aún están pendientes de ser actualizadas pueden seguir operando sin dificultades, mientras que las aplicaciones nuevas o actualizadas comienzan a operar preferentemente sobre IPv6.

Hay disponible una API (Application Programming Interface) que soporta requerimientos DNS para IPv4 e IPv6 y permite responder a diferentes situaciones:

- Una aplicación que no soporta IPv6 o está forzada a utilizar IPv4, hace una solicitud DNS de un registro tipo A para IPv4.
  En consecuencia la aplicación enviará su solicitud de servicio utilizando IPv4 como protocolo de transporte. El servidor DNS responderá enviando exclusivamente la dirección IPv4 correspondiente al nombre que se consulta.

- Una aplicación que soporta solamente IPv6 o prefiere utilizar IPv6 operará sobre IPv6.
  La aplicación envía una solicitud exclusivamente de un registro AAAA con lo que

obtendrá una dirección IPv6.
En consecuencia la aplicación establecerá la conexión con el servidor utilizando IPv6 como protocolo de transporte en capa de red.
Esto también se aplica cuando el dispositivo solamente tiene IPv6 configurada.

- Una aplicación que puede operar indistintamente con IPv4 o IPv6. Para cada nombre que debe resolver se envía una solitud DNS que requiere los registros de ambos versiones de direcciones (IPv4 e IPv6).
El servidor DNS responde enviando todas las direcciones IP disponibles (v4 y/o v6) que están asociadas a ese nombre.
Ya con la información de ambos protocolos, es la aplicación la que elije utilizar una u otra. El comportamiento propuesto por defecto (RFC 3484) es utilizar la dirección IPv6, y por lo tanto operar con paquetes IPv6. Este comportamiento debiera ser posible de modificar a nivel del nodo.

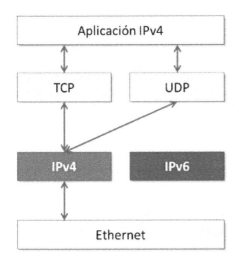 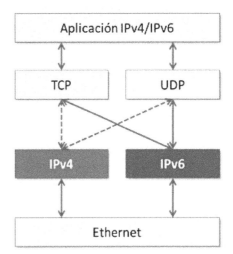

El proceso de DNS es entonces como sigue.

1. La terminal envía una solicitud DNS.
   Una terminal habilitada como dual stack envía una solicitud DNS de ambos tipos de direcciones para el nombre requerido.

2. El servidor DNS envía una respuesta.
   El servidor responde enviando todas las direcciones disponibles para ese nombre.

3. La aplicación selecciona la dirección correcta.
   De acuerdo a lo referido en el RFC 3484, por defecto se utiliza la dirección IPv6 a menos que por configuración la aplicación requiera otra cosa.

4. La aplicación se conecta con el nodo destino.
   Siguiendo el comportamiento por defecto, la aplicación requiere que el nodo origen conecte con el nodo destino utilizando IPv6.

Cisco IOS soporta la operación en modo dual-stack tan pronto como ambos protocolos están configurados en una interfaz. A partir de ese punto puede reenviar ambos tipos de tráfico:

```
Router(config)#ipv6 unicast-routing
Router(config)#interface GigabitEthernet0/0
Router(config-if)#ip address 192.168.0.1 255.255.255.0
Router(config-if)#ipv6 address 2001:db8:0:1::1/64
```

Eso puede realizarse tanto cuando se asignan direcciones estáticas o por un proceso de configuración dinámica o de autoconfiguración.

Implementación dual-stack

1. Revise la red, las aplicaciones y las políticas de seguridad para asegurarse que la implementación de IPv6 sea tan inclusiva como sea posible.
Es crítico contar con un diseño y planeamiento preciso de la tarea a desarrollar y cuidar particularmente los aspectos vinculados a la seguridad y gestión de la red.

2. Cuando sea necesario actualice nodos, routers y servicios de infraestructura para soportar IPv6. Tenga en cuenta que algunos dispositivos pueden requerir actualización de hardware para poder soportar la operación de ambos entornos simultáneamente. Se debe prestar especial atención en servicios de infraestructura tales como DNS, HTTP, HTTPS, Telnet, SSH, SNMP, SMTP y servicios de autenticación.

3. Habilite el soporte de IPv6.

4. Actualice todos los servicios siempre que sea posible, para proveer funcionalidades sobre IPv6; el objetivo es que todos los servicios se encuentren finalmente disponibles sobre IPv6. Hay que estar atentos a que algunos servicios pueden requerir alguna consideración adicional en función de que IPv6 será el protocolo de transporte preferido.

5. Asegúrese que la operación dual-stack está funcionando correctamente y que todos los servicios funcionan correctamente. Hay que verificar particularmente la implementación de las políticas de gestión y las de seguridad.
Adicionalmente, verifique los recursos en cada dispositivo, tenga presente que la implementación de ambas arquitecturas genera mayor demanda de procesamiento y de memoria.

Consideraciones a tener en cuenta

- En muy poco probable que en un futuro próximo podamos operar en entornos IPv6 puros, razón por la cual es de prever que el requerimiento de conectividad IPv4 se mantenga por un tiempo.

- La implementación de dual-stack no puede ser por tiempo indefinido ya que puede afectar la performance (algunos dispositivos como los switches Catalyst 6500 reenvían más rápido el tráfico IPv4 que el IPv6), la seguridad y generar mayores costos a mediano plazo dada la mayor complejidad de gestión.

- Hay que tener presente que dispositivos terminales viejos pueden interpretar erróneamente respuestas DNS que contengan registros A y AAAA, y actuar de modo errático.

- Mantener políticas de seguridad semejantes sobre IPv4 e IPv6 puede ser complejo, pero es estrictamente necesario.

- A medida que avance la implementación global de IPv6 se hará más complejo y costoso el mantenimiento de sistemas IPv4 en estado operativo.

Mecanismos de tunelizado IPv6

Durante la implementación de IPv6 un escenario posible es que parte de la red no soporte IPv6, o que se desee realizar una implementación gradual por sectores de la red. En cualquiera de estos casos la solución más simple es encapsular el tráfico IPv6 y enviarlo a través de la red IPv4. Son los denominados mecanismos de tunelizado.

La implementación de túneles permite crear redes virtuales IPv6 sobre redes IPv4 ya existentes, como ocurre cuando se conectan redes IPv6 sobre enlaces de proveedores que solamente soportan IPv4. Al implementar un túnel el encabezado IPv6 es encapsulado dentro de un paquete IPv4:

- Un dispositivo dual-stack con una interfaz conectada a la red IPv6 y otra interfaz conectada a la red IPv4, recibe un paquete IPv6.

- Encapsula el paquete IPv6 en un paquete IPv4 y lo envía a través de la red IPv4.

- La red IPv4 reenvía el tráfico sobre la base del encabezado IPv4, únicamente, hasta el dispositivo que termina el túnel.

- El túnel termina en otro dispositivo dual-stack conectado a la red IPv4 por una interfaz y a la red IPv6 por la otra.

- El dispositivo donde termina el túnel recibe el paquete IPv4, retira el encabezado IPv4, lee en encabezado IPv6 y lo reenvía sobre la red IPv6.

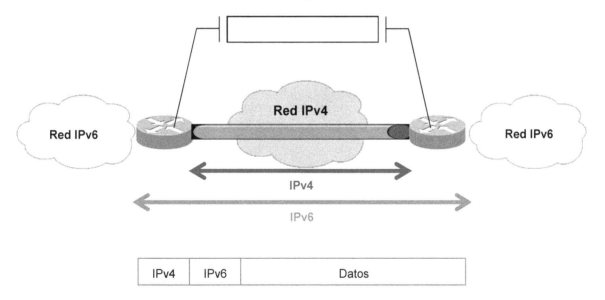

Este procedimiento permite conectar 2 "islas" o redes IPv6 a través de un backbone o red IPv4.

Consideraciones a tener en cuenta

- El MTU efectivo es reducido en al menos 20 bytes cuando el encabezado IPv4 no contiene datos adicionales ya que hay que considerar un segundo encabezado de capa de red.

- Una red tunelizada es difícil de diagnosticar, por lo que debe ser considerada una solución de transición y no una arquitectura final.

Los túneles pueden establecerse:

- Entre 2 routers.

- Entre un host y un router.

- Entre 2 hosts.

> ✎ Los túneles IPv6 sobre IPv4 se identifican en el campo protocolo del encabezado IPv4 con el ID 41. Este protocolo debe estar disponible a todo lo largo de la ruta para que puede efectivamente negociarse el túnel.

Técnicas de tunelizado disponibles para implementaciones IPv6

Los túneles IPv6 sobre IPv4 descriptos antes pueden ser logrados a través de 2 metodologías diferentes: configuración manual o automática.

> ✎ Más allá del mecanismo utilizado para genera el túnel, estos túneles no soporten ninguna protección de seguridad para los datos transportados.
> Si se requiere seguridad es posible asegurar el paquete IPv6 implementado IPsec; o también proteger los paquetes IPv4 implementando IPsec sobre el túnel.

Túneles de configuración manual:

Este modo de implementación requiere que el túnel inicie y termine en dispositivos dual-stack que tienen conectividad IPv4 entre sí. Es necesario utilizar una interfaz túnel con una dirección IPv6 link-local asociada a la interfaz IPv4 en cada extremo del túnel y conectividad IPv4 entre ambos extremos.

Cuando se configura un túnel entre 2 routers conectados a través de una red IPv4:

- Las interfaces conectadas a la red IPv4 tienen la dirección IPv4 correspondiente a la red a la que se encuentra conectada.

- Se crea una interfaz virtual de túnel que se vincula a la interfaz física que conecta la red IPv4.

- Esta interfaz túnel debe tener una dirección IPv6 link local que se genera tomando como base la dirección IPv4 de la interfaz física para sus últimos 32 bits.

- Adicionalmente es posible asignar a la interfaz túnel una dirección IPv6 global.

- El túnel opera como un enlace punto a punto para los paquetes IPv6 (un salto) y sobre él opera el mecanismo dIPv6 neighbor discovery. En el caso de IOS no se envían por defecto los mensajes router advertisement a través de las interfaces de túnel, por este motivo se requiere el uso del comando `no ipv6 nd supress-ra`.

La configuración manual de túneles tiene varias ventajas:

- Son más seguros ya que no se generan sin intervención explícita del administrador.

- La implementación de los túneles es simple.

- Está soportada en la mayoría de las plataformas.

- Soportan el tráfico de multicast.

El principal inconveniente es la poca escalabilidad de la implementación.

Está disponible en la mayoría de las plataformas, aunque es un recurso limitado ya que no escala bien.

- IPv6-in-IPv4.
  Permite establecer conexión entre 2 puntos (site-to-site).
  Requiere de la configuración de las direcciones de origen y destino del túnel.
  Impone muy poco overhead.
  Dado que el paquete IPv6 se encapsula directamente en un encabezado IPv4 es una implementación de mínimo overhead. Es el método preferido cuando sobre el túnel solo es necesario transportar tráfico IPv6.
  Valor 41 en el campo protocolo del encabezado IPv4.

- GRE (Generic Routing Encapsulation).
  Utiliza el protocolo de tunelizado IPv4 estándar.
  Permite establecer túneles punto a punto.
  En este caso el paquete IPv6 es encapsulado dentro de un encabezado GRE, por lo que tiene mayor overhead. Pero al mismo tiempo es posible utilizar el túnel para transportar otro tráfico que no sea solo IPv6.
  Si se utiliza enrutamiento IS-IS, en ese caso es la opción a utilizar por su capacidad de transportar diferentes protocolos.
  Valor 47 en el campo protocolo del encabezado IPv4.

Configuración de un túnel IPv6-in-Pv4

```
Router_A(config)#interface Serial 0/0/0
Router_A(config-if)#ip address 192.168.1.1 255.255.255.252
Router_A(config-if)#interface Tunnel0
Router_A(config-if)#ipv6 address 2001:db8:1:1::1/127
Router_A(config-if)#tunnel source 192.168.1.1
Router_A(config-if)#tunnel destination 192.168.200.1
Router_A(config-if)#tunnel mode ipv6ip

Router_B(config)#interface Serial 0/0/1
Router_B(config-if)#ip address 192.168.200.1 255.255.255.252
```

```
Router_B(config-if)#interface Tunnel0
Router_B(config-if)#ipv6 address 2001:db8:1:1::2/127
Router_B(config-if)#tunnel source 192.168.200.1
Router_B(config-if)#tunnel destination 192.168.1.1
Router_B(config-if)#tunnel mode ipv6ip
```

> Cuando se completa la configuración el estado de la interfaz de túnel se muestra como up/up, sin embargo esto no garantiza que el túnel es funcional pues no incluye un mecanismo de keepalive o semejantes.

Túneles de configuración automática:

En estos casos el túnel se configura automáticamente sin necesidad de que al momento de configurar un extremo del túnel se conozca el otro extremo del mismo.

Esta metodología escala mejor que la configuración estática ya que no es necesario configurar explícitamente cada punto terminal de los túneles. Como contrapartida, estos túneles dependen de servidores provistos por terceras partes en Internet y no soportan bien el tráfico de multicast. También existe el riesgo de que algún firewall en la ruta filtre el tráfico de túneles, con lo cual no se establecería conexión.

- 6to4.
  Permite conectar "islas" IPv6 a través de una red IPv4.
  En este tipo de túneles no se pueden utilizar direcciones IPv6 unicast globales.

  - o El mecanismo no sólo genera el túnel sino que también asigna prefijo IPv6 válido a cada una de las islas utilizando direcciones con prefijo 2002::/16, sin necesidad de requerir asignación de direcciones del ISP.

  - o Requiere en los routers soporte para este tipo de implementación.

  - o El prefijo 2002::/16 está reservado para esta implementación, y cada extremo recibe un prefijo /48 compuesto por los 16 bits iniciales reservados y los 32 bits de la dirección IPv4.
    Ejemplo: Si la dirección IPv4 del router de borde es 192.168.1.1, el prefijo IPv6 que se generará será: 2002:c0a8:101::/48.

  > Estos túneles requieren también que el protocolo 41 del encabezado IPv4 esté permitido en toda la ruta.

  > En los casos en los que los 32 bits de la dirección IPv4 se incluyen en la dirección IPv6, se los muestra en formato hexadecimal.

  - o Permite la implementación de 6to4 Relay:
    En la implementación básica, todo destino que no sea una dirección 2002::/16 es inaccesible. Esto se soluciona con la implementación de 6to4 relay que es el responsable de reenviar el tráfico hacia el resto de la red IPv6.

Para que esto funcione, los demás routers de la red deben tener una ruta por defecto hacia el 6to4 relay.

- 6rd (6 rapid deployment).
Mecanismo de tunelizado para transición a IPv6 utilizado en redes de service providers para transporte de tráfico IPv6 desde el acceso, atravesando el core de la red hasta el acceso a Internet. El túnel se inicia en el CPE y termina en el router de borde de acceso a Internet.

- ISATAP (Intra-Site Automatic Tunnel Addressing Protocol).
Túneles para intranets corporativas en las que la infraestructura aún no soporta IPv6, mientras que los terminales requieren conectividad IPv6.

    o Cada terminal debe tener configurada una dirección IPv4 ruteable e implementar ISATAP.

    o ISATAP mismo se ocupa de generar en la terminal una ruta estática por defecto que direccione el tráfico hacia la interfaz que genera.

    o El protocolo asigna a las terminales direcciones con el formato FE80::5efe:xxxx:xxxx/96, donde los últimos 32 bits se toman de la dirección IPv4 configurada en el puerto de la terminal.
    Por ejemplo, para un puerto configurado con la IPv4 192.168.0.100 se genera la IPv6 FE80::5efe:c0a8:064.

    o Los paquetes IPv6 generados se encapsulan en paquetes IPv4 de modo que para IPv6 la red IPv4 opera como una red NBMA.

    o Las terminales utilizan solamente las direcciones link local que derivan de las direcciones IPv4.

    o Las terminales ISATAP pueden obtener direccionamiento global si se implementa un router ISATAP con una dirección IPv6 de unicast global para que luego asigne direccionamiento global a las terminales y reenvíe el tráfico saliente hacia la red global.

- Teredo.
Los mecanismos de tunelizado descritos hasta acá utilizan únicamente un encabezado IPv4 con ID de protocolo 41. Esto hace que en muchos casos no puedan atravesar dispositivos NAT que no están preparados para este tipo de paquetes.
Por este motivo, para poder atravesar uno o múltiples servicios NAT se utiliza Teredo que utiliza un encabezado UDP además del encabezado IPv4 propio del túnel.

IPv4	UDP	IPv6	Datos

    o Permite establecer túneles desde terminales que soportan IPv6 pero que están conectadas a redes IPv4, contra servidores Teredo.

    o Encapsula el tráfico IPv6 en un paquete IPv4 UDP, por lo que tiene objeciones desde la perspectiva de seguridad.

o   Al utilizar una encapsulación UDP puede atravesar múltiples servicios de NAT.

o   Los servidores Teredo son stateless, por lo que una vez establecido el túnel reenvían todo el tráfico.

o   Utiliza direcciones de un rango y con una estructura específicos:
Prefijo Teredo: 2001::/32
A continuación los 32 bits de la dirección IPv4 del servidor.
De esta forma, si la dirección IPv4 del servidor es, por ejemplo, 190.16.62.201, la dirección IPv6 generada pertenecería al prefijo 2001:0000:be10:3281::/64

o   La arquitectura de Teredo está compuesta por diferentes elementos:
- Clientes Teredo.
  Terminal que soporta una interfaz túnel Teredo cuyo tráfico IPv6 se deriva a otros dispositivos a través de un Relay de Teredo.
- Servidor Teredo.
  Dispositivo conectado tanto a Internet IPv4 como a Internet IPv6 que asiste a los clientes Teredo en la configuración de su direccionamiento. Opera sobre UDP puerto 3544.
- Relay Teredo.
  Dispositivo en capacidad de reenviar tráfico entre clientes Teredo y dispositivos en la red IPv6.

o   La comunicación entre clientes Teredo y terminales IPv6 se realiza a través de un relay Teredo.

Traducción de direcciones IPv6 a IPv4

Es posible comunicar nodos conectados a redes IPv6 con nodos conectados a redes IPv4 implementando un proceso de traducción mejor conocido como AFT (Address Family Translation).

Esta es considerada una estrategia de corto plazo que permite la coexistencia de ambas redes para facilitar una transición hacia la red IPv6. Aplicaciones que utilizan protocolos que incluyen información IP en la porción de datos (como FTP o SIP) requieren la implementación de gateways de capa de aplicación para soportar la traducción.

Hay 2 tecnologías disponibles para realizar estas traducciones:

*   NAT-PT
    Network Address Translation – Protocol Translation

*   NAT64
    Network Address Translation IPv6 to IPv4

El uso de NAT-PT no es recomendado por la IETF merced a su débil interacción con DNS y sus limitaciones para la traducción. Estos problemas están documentados en el RFC 4966.

La sugerencia es trabajar con NAT 64.

La traducción de IPv6 a IPv4 o viceversa, supone la conversión de 3 elementos en cada paquete:

- El encabezado IPv6 debe ser reemplazado por un encabezado IPv4.

- La dirección IPv6 de origen debe ser traducida a una dirección IPv4 de origen.

- La dirección IPv6 de destino debe ser traducida a una dirección IPv4 de destino.

Cuando la sesión se inicia desde un host IPv6, el destino será un nodo IPv4, para representar la dirección de destino IPv4 en formato IPv6 se genera un ID compuesto por el prefijo 64:FF9B::/96 y los 32 bits de la dirección IPv4 de destino.

Del mismo modo, cuando la sesión se inicia en un host IPv4, la dirección IPv4 de origen será traducida por una dirección IPv6 compuesta por el prefijo 64::BB9F::/96 y los 32 bits de la dirección IPv4 del host.

Para la traducción de las direcciones de host IPv6 se utiliza un rango de direcciones IPv4 destinado por el Administrador para este propósito.

NAT 64

Es una solución apta tanto para entornos corporativos como de service provider.

- Implementa funciones de NAT64 a la vez que DNS64, lo que es la base de su superioridad respecto de NAT-PT.

- Soporta múltiples y muy variados escenarios de traducción.

- Se puede implementar en 2 maneras:

  o Stateless NAT64.

  o Stateful NAT64.

Stateless NAT64

- Definido en el RFC 6145.

- No realiza ningún control o seguimiento de las sesiones.

- La traducción puede iniciarse tanto del lado IPv6 como del IPv4.

- Realiza traducciones 1 a 1.

- No permite ahorrar direcciones IPv4.

- Posibilita y facilita el seguimiento end-to-end de las sesiones.

- Requiere que los hosts IPv6 obtengan su dirección por configuración manual o por asignación utilizando DHCPv6.

Stateful NAT64

- Definido en el RFC 6146.

- Realiza un seguimiento stateful de las sesiones.

- La traducción puede iniciarse tanto del lado IPv6 como del IPv4.

- Soporta mapeo manual de la traducción.

- Realiza traducciones 1:N ya que implementa overloading de direcciones.

- Permite reducir el número de direcciones IPv4 necesarias.

- No es posible hacer un seguimiento transparente de las sesiones end-to-end.

- Opera independientemente del modo de asignación de las direcciones IPv6, con lo que soporta asignación estática, stateless o por DHCPv6.

Laboratorios

Topología

Todos los laboratorios presentados en este manual pueden ser realizados utilizando un laboratorio conformado por 3 routers Cisco dotados con sistema operativo Cisco IOS 15.2 o superior y 3 terminales conectadas con sistema operativo Microsoft.

Los routers pueden ser dispositivos físicos (routers Cisco 1900 o superiores) o virtuales (CSR 1000v), del mismo modo, los terminales pueden ser máquinas virtuales.

La topología utilizada es la siguiente:

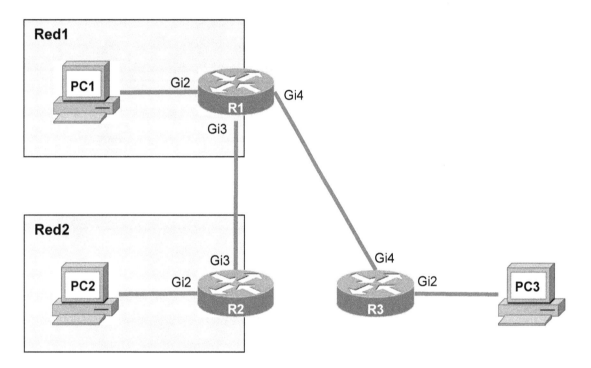

El esquema de direccionamiento propuesto es el siguiente:

Dispositivo	Interfaz	IPv4	IPv6
R1	Gi2	192.168.1.1/24	2001:db8:1:1::1/64
	Gi3	192.168.101.1/30	2001:db8:1:a::1/64
	Lo1	--	2001:db8:1:100::1/64
	Lo2	--	2001:db8:1:200::1/64
	G4	--	2001:db8:1:300::2/64
R2	Gi2	192.168.2.1/24	2001:db8:2:1::1/64
	Gi3	192.168.101.2/30	2001:db8:1:a::2/64
	Lo1	--	2001:db8:2:100::1/64

Dispositivo	Interfaz	IPv4	IPv6
	Lo2	--	2001:db8:2:200::1/64
R3	G2	192.168.3.1/24	2001:db8:10:1::1/64
	G4	--	2001:db8:1:300::1/64
PC1	Lab	192.168.1.2/24	2001:db8:1:1::f/64
PC2	Lab	192.168.2.2/24	2001:db8:2:1::f/64
PC3	Lab	192.168.3.2/24	2001:db8:10:1::f/64

Lab 5-1 – Configuración de un túnel estático IPv6-in-IPv4

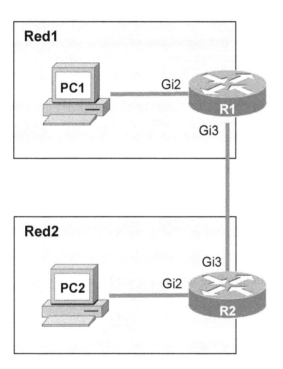

Objetivo

Es este ejercicio crearemos un túnel estático IPv6-in-IPv4 para conectar 2 sitios (Red1 y Red2) que implementan IPv6 a través de una red WAN que opera solamente sobre IPv4.

Para las tareas considere la siguiente información:

Router R1:

- Interface: Tunnel10

- Modo: IPv6-in-IPv4

- Dirección IPv6:   2001:db8:1:a::1/64

- Origen del túnel: GigabitEthernet3

- Destino: 192.168.101.2

Router R2:

- Interface: Tunnel10

- Modo: IPv6-in-IPv4

- Dirección IPv6:   2001:db8:1:a::2/64

- Origen del túnel: GigabitEthernet3

- Destino: 192.168.101.1

Configuración del túnel estático

1. Ingrese en R1 y R2 y asegúrese de no tener direccionamiento IPv6 en las interfaces que conectan ambos dispositivos (Gi3). Si encuentra direccionamiento IPv6 activo asegúrese de retirarlo utilizando los comandos `no ipv6 address` y `no ipv6 enable`.

2. Configure enrutamiento RIPng (utilizando la etiqueta RIP1 para el proceso) tanto en R1 como R2, incorporando en el mismo las interfaces LAN y Loopback de cada uno de los dispositivos.

3. Verifique la tabla de enrutamiento de R1 utilizando el comando `show ipv6 route`. No debe encontrar rutas aprendidas a través de RIPng ya que no hay conectividad IPv6 entre ambos routers.

4. Configure un túnel estático IPv6-in-IPv4 entre R1 y R2 utilizando la información que se presenta al inicio.

5. Luego que la interfaz de túnel se encuentra activa, incorpore esa interfaz al proceso de RIPng.

6. Utilizando el comando `show ipv6 route` verifique nuevamente la tabla de enrutamiento en R1. Ahora si deben aparecer las rutas conectadas a R2 como aprendidas a través de RIPng.

7. Desde la PC1 verifique la conectividad con la PC2 ejecutando un `ping 2001:db8:2:1::f`.

8. Verifique la ruta que se está utilizando para la comunicación entre ambas PCs ejecutando `tracert 2001:db8:2:1::f` en la PC1.

Comandos a considerar

```
Router(config)#interface tunnel [ID]
Router(config-if)#tunnel mode ipv6ip
Router(config-if)#tunnel source [interfaz]
Router(config-if)#tunnel destination [IP]
Router(config-if)#ipv6 rip [etiqueta] enable
```

Seguridad en IPv6

> ✎ Las abreviaturas y siglas utilizadas en este manual son de conocimiento común en la industria. Puede encontrar un desarrollo de cada una de ellas en el Glosario de Siglas y Términos de Networking que está publicado en línea en la Librería de EduBooks y es de acceso libre:
> https://es.scribd.com/doc/292165924/Glosario-de-Siglas-y-Terminos-de-Networking-version-1-0

Entre los servicios requeridos para poder transportar transacciones y comunicaciones de diferente tipo sobre redes IPv6 está la seguridad.

IPv6 cambia alguno de los paradigmas que arrastramos de nuestras arquitecturas IPv4 e introduce elementos propios que deben ser cuidadosamente considerados.

ACLs IPv6

Como ocurre en entornos IPv4, en las redes IPv6 podemos implementar listas de acceso que nos permite seleccionar o separar diferentes tipos de tráfico. Por supuesto que también pueden ser implementadas con el objetivo de forzar la aplicación de políticas de seguridad.

ACLs IPv6

En la implementación de ACLs IPv6 hay algunas consideraciones a tener presentes:

- Hay un solo tipo de ACLs IPv6: nombradas y extendidas.

- Si bien hay ligeros cambios en los comandos de configuración, los conceptos permanecen esencialmente iguales.

- Las reglas implícitas son más en IPv6:

  o Se agregan 2 permisos que son esenciales para la operación de la red IPv6:
    ```
    permit icmp any any nd-na
    permit icmp any any nd-ns
    ```
    Esto permite el funcionamiento del procedimiento de descubrimiento de vecinos basado en ICMP que es esencial para la operación de las redes IPv6.

  o Como en IPv4 hay un `deny ipv6 any any` implícito al final.

> ✎ Atención:
> En el caso de ACLs IPv6, si se agrega al final la sentencia deny ipv6 any any a fin de tener registro del tráfico

descartado, esto sobrescribe no solo el `deny ipv6 any any` sino también las sentencias implícitas que habilitan el descubrimiento de vecinos.

> ✎ Buena práctica:
> Permitir los paquetes ICMPv6 Too Big que posibilitan el proceso de MTU Discovery que hace más eficiente la operación de la red IPv6.
> `permit icmp any any packet-too-big`

- Ya no se utilizan máscaras de wildcard sino longitud de prefijos.

- El comando `ip access-group` para aplicar una ACL a una interfaz ha sido reemplazado por `ipv6 traffic-filter`.

Por lo demás, la estructura, reglas de operación y keyword de configuración utilizados en ACLs para IPv6 son los mismos que se utilizan en IPv4.

El filtrado de paquetes IPv6 puede realizarse sobre la base de diferentes criterios:

- Dirección IPv6 de origen.

- Dirección IPv6 de destino.

- Protocolo de capa de transporte.

- Número de puerto del encabezado UDP o TCP.

- Tipo y código de mensajes ICMPv6.

- Valor del campo clase de tráfico.

- Valor de DSCP.

- Etiqueta de flujo.

- Presencia de algunas extensiones del encabezado.

Si bien en conceptos generales las ACLs IPv6 son semejantes a sus predecesoras IPv4, en entornos IPv6 hay nuevos desafíos. Las terminales no sólo pueden tener direcciones generadas dinámicamente por asignación stateless, sino que ahora los nodos pueden tener asignadas múltiples direcciones diferentes que utilizan para establecer diferentes conexiones.

Por este motivo es preferible utilizar ACLs que definan prefijos antes que direcciones de nodo, lo que permite no estar tan pendiente de los mecanismos de asignación de la porción de nodo de las direcciones.

Configuración de ACLs IPv6

```
Router(config)#ipv6 access-list PRUEBA
```

> Crea una ACL IPv6 al mismo tiempo que ingresa al modo de configuración de la misma.
>
> Tenga presente que a diferencia de las ACLs IPv4, aquí no se diferencian ACLs estándar y extendidas.

```
Router(config-ipv6-acl)#remark ACL DE PRUEBA
Router(config-ipv6-acl)#deny icmp any 2001:db8:10:10::/64 echo-request
Router(config-ipv6-acl)#deny tcp any host 2001:db8:10:10::/64 telnet
Router(config-ipv6-acl)#permit ipv6 any any
```

> Respecto de la definición de las sentencias que componen una ACL IPv6 no hay diferencias substanciales respecto de sus predecesoras. Se mantienen las sentencias remark, permit, deny, etc. El keywork `ipv6` reemplaza a `ip`.
>
> Destaca que ahora las direcciones son direcciones IPv6, y si hay que indicar un rango de dirección IPv6 se expresa como un prefijo IPv6.

```
Router(config-ipv6-acl)#exit
Router(config)#interface GigabitEthernet 0/0
Router(config-if)#ipv6 traffic-filter PRUEBA in
```

> Asocia la ACL IPv6 creada antes a la interfaz, en este caso para filtrar el tráfico entrante a través de ella (`in`).

Monitoreo de ACLs IPv6

```
Router#show ipv6 access-list
```

> Su resultado es semejante al de su par `show ip access-list` en redes IPv4.

Filtrado utilizando extensiones del encabezado

IPv6 incorpora el uso de extensiones del encabezado para la implementación de diferentes prestaciones tales como enrutamiento, movilidad, etc. Estas extensiones del encabezado se anuncian utilizando códigos específicos en el campo "next header" del encabezado IPv6 básico.

En este sentido se puede filtrar tráfico considerando:

- Presencia de extensión de encabezado de fragmentación.

- Presencia y tipo de la extensión de encabezado de enrutamiento.

- Presencia y tipo de la extensión de encabezado de movilidad.

- Presencia y tipo de la extensión de encabezado de opciones de destino.

- Presencia de extensión de encabezado de autenticación.

Un ejemplo:

```
Router(config)#ipv6 access-list EXTENSIONES
Router(config-ipv6-acl)#deny 2001:db8:a:a::/64 any fragments
Router(config-ipv6-acl)#deny 2001:db8:a:a::/64 any routing
Router(config-ipv6-acl)#deny 2001:db8:a:a::/64 any mobility-type 2
Router(config-ipv6-acl)#permit 2001:db8:a:a::/64 any
```

Filtrado en función de la presencia de un encabezado AH

El filtrado de paquetes IPv6 en función de la presencia de un encabezado de autenticación (AH) puede realizarse de dos maneras diferentes.

Una primera manera de hacerlo es siguiendo el modelo de filtrado en función de la presencia de un encabezado de autenticación. Por ejemplo:

```
Router(config-ipv6-acl)#deny 2001:db8:a:a::/64 any auth
```
Filtra todos los paquetes con origen en el prefijo indicado (2001:db8:a:a::/64) y cualquier destino posible que contenga una extensión de encabezado AH.

```
Router(config-ipv6-acl)#deny 2001:db8:a:a::/64 any eq 80 auth
```
En este caso se combina una sentencia que filtra tráfico que tiene como destino el puerto 80 (HTTP), pero le agrega la condición de incluir un encabezado de autenticación.

Una forma de alternativa de hacerlo es tratar AH como un protocolo de capa superior (ULP). De esta manera la sentencia sería como sigue:

```
Router(config-ipv6-acl)#deny ahp 2001:db8:a:a::/64 any
```
De esta manera se especifica AH como protocolo a filtrar en las sesiones que se especifican.

Filtrado de paquetes ICMPv6

ICMPv6 ha introducido nuevos tipos de mensajes en función del nuevo papel que tiene el protocolo en las arquitecturas IPv6. Algunos de estos mensajes son esenciales para la operación de la red, otros no tanto.

Son claves para la operación de la red los mensajes ICMPv6 que son parte del procedimiento de descubrimiento de vecinos IPv6 ya que son estos mensajes los que permiten mapear dirección de capa 3 a direcciones de capa 2 (este procedimiento reemplaza al protocolo ARP que conocemos en entornos IPv4).

Si bien en redes IPv4 ARP no es filtrado por las ACLs, los mensajes ICMPv6 sí pueden ser filtrados por las ACLs IPv6. Por esto es sumamente importante no bloquear los mensajes que utiliza el descubrimiento de vecinos en los segmentos locales.

Es por esto que las ACLs IPv6, además del deny all implícito del final, incluyen los permisos correspondientes a los mensajes de descubrimiento de vecino:

```
permit icmp any any nd-na
```
Permite que los mensajes ICMP Network Advertisement (tipo 136) operen entre el router y los nodos locales.

```
permit icmp any any nd-ns
```

Permite que los mensajes ICMP Network Solicitation (tipo 135) operen entre el router y los nodos locales.

```
deny ipv6 any any
```

Como se trata de una opción por defecto que es un bloque completo, si por algún motivo se desea tener una sentencia explícita del deny final (por ejemplo para agregar la orden de que se generen mensajes de eventos) será necesario también permitir estos dos tipos de mensajes explícitamente:

```
Router(config-ipv6-acl)#permit icmp any any nd-na
Router(config-ipv6-acl)#permit icmp any any nd-ns
Router(config-ipv6-acl)#deny ipv6 any any log
```

Tips a tener en cuenta

Hay algunos tipos de configuración y diseño propios de las listas de acceso IPv6:

- Hay que tener especial cuidado con el posible bloqueo de los mensajes ICMPv6:

  o No se deben bloquear los mensajes de descubrimiento de vecinos.

  o Asegúrese de permitir los mensajes de tamaño excedente para que funcione el procedimiento de descubrimiento de MTU de la ruta. A menos que se utilice en la red el MTU mínimo garantizado (1280 bytes).

- Se debe ser muy cuidadoso al escribir las direcciones IPv6 ya que pequeñas diferencias pueden provocar errores importantes.

- Hay que tener presente las consideraciones generales de las ACLs IPv4:

  o Coloque primero las sentencias más específica y luego las más generales.

  o Hay un deny implícito al final de cada lista.

IPsec, IKE y VPNs

IPsec es un conjunto de protocolos básicos que permiten una transmisión segura. El soporte de IPsec es de inclusión recomendada en implementaciones IPv6.

> Según indica el RFC 6434 (diciembre de 2011) todos los nodos IPv6 deberían soportar IPsec (se moderó la exigencia). Se considera IKEv2 como el protocolo por defecto para gestión de llaves, y es obligatorio el soporte de ESP mientras que es opcional el soporte de AH.
> Dado que previamente era obligatorio, prácticamente la totalidad de los dispositivos actuales lo incluyen.

Conceptos básicos de VPNs IPsec

> ✎ Este capítulo no es una exposición detallada de IPsec, los protocolos que integra y la manera en que opera cada uno de ellos, sino solamente una síntesis de los conceptos básicos necesarios para comprender su utilidad e implementación en arquitecturas IPv6.

IPsec ha sido desarrollado inicialmente como parte integral de IPv6, si bien su extrapolación a IPv4 fue lo que hizo masivo su uso anticipado. Su propósito es proporcionar servicios de autenticación, confidencialidad y control de integridad de los datos.

Se han diseñado dos extensiones del encabezado con este propósito:

- Authentication Header.
  Provee servicios de autenticación del origen del paquete y control de integridad, opcionalmente puede proteger de posibles repeticiones.
  Hay 2 documentos básicos para este protocolo:

    o   RFC 4301 – Security Architecture for the Internet Protocol.

    o   RFC 4302 – IP Authentication Header.

- Encapsulating Security Payload.
  Permite implementar autenticación del origen, control de integridad, confidencialidad y antireplay. Su control de integridad sólo abarca el contenido del paquete, no el encabezado.
  El documento básico es:

    o   RFC 4303 – IP Encapsulation Security Payload.

Los protocolos implementados en ambos casos se basan en el intercambio de llaves simétricas tanto para los algoritmos de cifrado como para los de control de integridad. Dado que el intercambio de llaves es una de las debilidades de los algoritmos de llave simétricas, IPsec descansa en otro mecanismo para proteger este intercambio: IKE (Internet Key Exchange).

IKE utiliza el algoritmo DH (Diffie-Hellman) para generar e intercambiar claves asimétricas que permiten asegurar un canal inseguro sobre el que luego se intercambiarán las claves simétricas de IPsec. Dado que DH es vulnerable a un ataque de man-in-the-middle, se deben utilizar mecanismos adicionales de autenticación; con este propósito se pueden utilizar certificados digitales o PSK.

Cisco IOS soporta, para redes IPv6:

- VPNs IPsec site-to-site.

- DMVPNs.

- VPNs SSL (no son VPNs IPsec).

IKE

Antes de establecer un túnel IPsec es necesario negociar las condiciones y llaves que utilizará ese túnel. Para desarrollar esta negociación se utiliza un protocolo, ISAKMP que combina autenticación del origen, gestión de llaves y negociación de las asociaciones de seguridad (SA). Esto permite establecer un canal seguro entre origen y destino sobre el cual se establecerá el túnel IPsec.

IKE es el protocolo que se utiliza para negociar las SAs. Los terminales utilizan este mecanismo para intercambiar claves periódicamente. Este intercambio de clave debe hacerse antes de iniciar el ciclo del número de secuencia, que es el mecanismo que utilizará IPsec para el servicio antireplay.

- Para ESP se utiliza un número de secuencia de 32 bits, esto indica que la misma llave se puede utilizar poco más de 4.000.000 de veces antes de cambiar la llave.

- IPsec soporta el uso de número de secuencia extendido de 64 bits

La última versión de IKE es la versión 2. Inicialmente la implementación de IKE no era obligatoria en entornos IPv6 (RFC 2460); el RFC 6434 (diciembre de 2011) ha actualizado la implementación de IPsec en IPv6, y esto incluye ahora la utilización de IKEv2 como protocolo por defecto para la gestión de llaves.

Configuración de IPsec

La configuración de un túnel IPsec site-to-site en una red IPv6 supone una secuencia de pasos a completar, en muchos casos idénticos a los que se utilizan en la configuración de VPNs en redes IPv4:

1. Definir una política de IKE.
   En primer paso se debe definir una política ISAKMP para proteger el intercambio de llaves IKE y las SAs.

```
Router(config)#crypto isakmp policy 15
```
> Crea una política ISAKMP con un número de prioridad (en este caso 15), ya que en un dispositivo puede haber múltiples políticas ISAKMP configuradas. Se prefiere la primera política que coincide con la política del dispositivo peer, con menor prioridad.

```
Router(config-isakmp-policy)#hash sha
```
> Define un algoritmo para control de integridad, en este ejemplo es SHA; también está disponible MD5.

```
Router(config-isakmp-policy)#encryption aes 256
```
> Asume un algoritmo de cifrado para ser utilizado en la negociación de ISAKMP. En este caso se define el uso de AES de 256 bits. Es possible también utilizar DES o 3DES.

```
Router(config-isakmp-policy)#authentication pre-share
```
> Define el uso de una clave pre-compartida como mecanismo de autenticación antes de establecer una relación de confianza.

```
Router(config-isakmp-policy)#group 5
```
> Establece el uso de Diffie-Hellman grupo 5 para proteger el intercambio de llaves.

```
Router(config-isakmp-policy)#lifetime 3600
```
Establece el tiempo de renegociación de la SA definido en segundos. Aquí se establece un período de renegociación de una hora.

2. Configurar la clave pre-compartida que utilizará IKE.
Cuando se opta por utilizar PSK para la autenticación de los dispositivos vecinos, es necesario definir una clave para cada dispositivo peer.

```
Router(config-isakmp-policy)#exit
Router(config)#crypto isakmp Clave0 address ipv6 2001:db8:0:1::2/128
```
Establece una clave (Clave0) para que utilice IKE en el intercambio con el dispositivo 2001:db8:0:1::2 antes de iniciar el proceso de IKE. La clave debe ser la misma en ambos dispositivos.

3. Configurar la política de IPsec (el denominado transform set) y el perfil que lo aplica.
Se pueden configurar múltiples políticas de IPsec en el mismo dispositivo y parte de la negociación de IKE es encontrar en ambos dispositivos un conjunto de parámetros idénticos.

```
Router(config)#crypto ipsec transform-set TEST esp-aes esp-sha-hmac
```
Define una política IPsec que considera la utilización de protocolo ESP y que aplica AES (también es posible utilizar DES o 3DES) como protocolo de cifrado y SHA-HMAC como mecanismo de autenticación y control de integridad (también se puede optar por utilizar MD5).

```
Router(config)#crypto ipsec profile PERFIL-IPv6
```
Crea un perfil de IPsec que luego se utilizará para la negociación con el dispositivo peer.

```
Router(config-crypto-transform)#set transform-set TEST
```
Asocia la política de IPsec que se definió antes (llamada TEST) al perfil que se acaba de crear.

4. Configurar de una interfaz virtual de túnel.
IOS permite utilizar interfaces virtuales para los túneles IPsec. Su configuración tiene similitudes con la configuración de túneles como mecanismo de transición IPv4 a IPv6.

La configuración que describo en este capítulo supone que el enrutamiento IPv6 se encuentra activo.

```
Router(config-crypto-transform)#exit
Router(config)#interface tunnel20
```
Crea una interfaz de túnel y le asigna un ID (en este caso 20). A la vez ingresa al modo de configuración de esa interfaz virtual.

```
Router(config-if)#no ip address
Router(config-if)#ipv6 address FE80::20 link-local
```

Asigna una dirección IPv6 link local fija a la interfaz. Si no se asigna una el dispositivo lo hará automáticamente como en otros casos.

```
Router(config-if)#ipv6 address 2001:db8:a:1::45/64
```

Asigna una dirección IPv6 global a la interfaz. No es obligatorio asignar una dirección propia a la interfaz, si no se lo hace el túnel asume la dirección de la interfaz física asociada como interfaz de origen.

```
Router(config-if)#tunnel source GigabitEthernet0/0
```

Asocia la interfaz túnel con el Puerto GigabitEthernet0/0 que actuará como puerto de origen del túnel.

Si no se asignó dirección propia a la interfaz túnel, entonces tomará la dirección de esta interfaz física. En este ejemplo la dirección de la interfaz física sería 2001:db8:0:1::1.

```
Router(config-if)#tunnel destination 2001:db8:0:1::2
```

Define la dirección IPv6 de la interfaz en la que terminará el túnel. Puede ser una interfaz directamente conectada o no.

Esta dirección coincide con la indicada como propia del peer de IKE definido antes.

```
Router(config-if)#tunnel mode ipsec ipv6
```

El comando tunnel mode especifica la encapsulación que ha de utilizar la interfaz, en este caso se indica que se trata de una VPN IPsec IPv6.

```
Router(config-if)#tunnel protection ipsec profile PERFIL-IPv6
```

Asocia el perfil IPsec que se creó en el paso anterior con la interfaz túnel que acaba de crearse.

5. Definir una ruta que redirija el tráfico hacia la interfaz de túnel creada.
    Para que el tráfico sea ingresado en el túnel y se le apliquen las políticas definidas para IPsec es necesario que el tráfico sea enrutado hacia la interfaz túnel. Para esto se utilizan rutas estáticas.

```
Router(config-if)#exit
Router(config)#ipv6 route ::/0 tunnel 20
```

La ruta estática (en este caso una ruta por defecto) se orienta hacia la interfaz túnel creada antes.

Monitoreo de IPsec

```
Router#show crypto engine connections active
```

Muestra las sesiones encriptadas activas sobre cada interfaz, incluyendo las sesiones IKE y las IPsec. Ofrece un contador simple de paquetes cifrados y descifrados.

```
Router#show crypto isakmp peer
```

Permite verificar específicamente la lista de vecinos IKE con los que se ha negociado

```
Router#show crypto isakmp sa
```
Muestra las asociaciones de seguridad activas negociadas por ISAKMP.

```
Router#show crypto ipsec sa
```
Brinda información sobre las asociaciones de seguridad negociadas por IPsec.

Tipos de VPNs en redes IPv6

Podemos decir que las VPNs IPsec site-to-site son la forma más básica de topología VPN que se puede implementar en redes IPv6. Se trata sencillamente de dos sitios conectados a través de un enlace protegido con los algoritmos disponibles en el marco de IPsec.

Dependiendo del tipo de interfaz que se utilice el enlace puede transportar tráfico unicast o multicast.

- Si la política se aplica directamente en una interfaz física solamente se transportará tráfico de unicast. Este modo NO está soportado en implementaciones IPv6.

- Si la política se aplica sobre una interfaz de túnel (como p.e. GRE u otro tipo), entonces también se soporta tráfico multicast (por ejemplo, de protocolos de enrutamiento).

Es un tipo de implementación que se ha convertido en un estándar de la industria, por lo que este tipo de túneles entre dispositivos está soportado por diferentes fabricantes.

IPsec IPv6 utilizando VTIs

- Permite implementaciones site-to-site para proteger tráfico IPv6.

- Utiliza la encapsulación nativa de IPv6.

- Protege tanto tráfico IPv6 unicast como multicast.

- Los dispositivos de los extremos operan como gateways que protegen todo el tráfico de las redes conectadas que se enruta a través del túnel.

- La interfaz de túnel se muestra activa (up/up) luego de que se completa la negociación de IKE e IPsec.

- La política IPsec se asocia a la interfaz túnel.

- El transporte de este túnel es IPv6, no se puede utilizar transporte IPv4.

Ejemplo de configuración de una VPN IPsec site-to-site:

```
Router(config)#crypto isakmp policy 15
Router(config-isakmp-policy)#hash sha
Router(config-isakmp-policy)#encryption aes 256
Router(config-isakmp-policy)#authentication pre-share
Router(config-isakmp-policy)#group 5
Router(config-isakmp-policy)#lifetime 3600
```

```
Router(config-isakmp-policy)#exit
Router(config)#crypto isakmp Clave0 address ipv6 2001:db8:0:1::2/128
Router(config)#crypto ipsec transform-set TEST esp-aes esp-sha-hmac
Router(config)#crypto ipsec profile PERFIL-IPv6
Router(config-crypto-transform)#set transform-set TEST
Router(config-crypto-transform)#exit
Router(config)#interface tunnel 0
Router(config-if)#ipv6 address 2001:db8:a:a::1/64
Router(config-if)#tunnel source GigabitEthernet0/1
Router(config-if)#tunnel destination 2001:db8:0:2::2
Router(config-if)#tunnel mode ipsec ipv6
Router(config-if)#tunnel protection ipsec profile PERFIL-IPv6
```

IPsec IPv6 utilizando un túnel GRE

- Es la solución cuando sobre el mismo túnel se desean transportar múltiples protocolos.

- En este caso hay mayor overhead ya que se agrega un encabezado GRE (4 bytes) y otro encabezado IP.

- En este caso el transporte se puede hacer también sobre IPv4 tanto como sobre IPv6.

- También permite el tráfico de unicast tanto como el de multicast.

```
Router(config)#interface tunnel 0
Router(config-if)#ipv6 address 2001:db8:a:a::1/64
Router(config-if)#tunnel source GigabitEthernet0/1
Router(config-if)#tunnel destination 2001:db8:0:2::2
Router(config-if)#tunnel mode gre
Router(config-if)#tunnel protection ipsec profile PERFIL-IPv6
```

SSL IPv6

- Permite implementar tráfico seguro en rutas en las que las conexiones IPsec están bloqueadas.

- En este caso el transporte es siempre IPv4 y el paquete IPv6 viaja encapsulado dentro de SSL y TCP.

- Su ventaja básica es que puede operar en la mayoría de las redes actualmente existentes.

- Dado que viaja en paquetes TCP puede atravesar servicios de NAT sin dificultad.

- Es sumamente estable por lo mismo, opera sobre sesiones TCP, y puede mantenerse activa la sesión aún durante períodos de inactividad prolongados.

- Puede operarse en modo clientless SSL VPN, ya que puede utilizarse como cliente cualquier navegador con soporte SSL.

IPv6 DMVPN

- Prestación de VPN desarrollada por Cisco que combina IPsec con mGRE y NHRP.

- Permite implementar topologías complejas tipo malla sin la necesidad de definir túneles estáticos ya que puede descubrir dinámicamente los terminales de cada túnel.

- La base de funcionamiento es mGRE, por lo que soporta la transmisión de tráfico multicast.

- Permite el establecimiento de túneles entre puntos remotos y un punto central o también conectar los puntos remotos entre sí.

- Permite el establecimiento de una red IPv6 multipunto privada sobre una red IPv4, que puede ser Internet.

Tipo de VPN	Protocolo que se transporta	Protocolo de transporte
IPv6 IPsec con VTI	IPv6	IPv6
IPv6 IPsec sobre GRE	IPv6	IPv4 / IPv6
IPv6 SSL VPN	IPv6	SSL sobre TCP sobre IPv4
IPv6 DMVPN	IPv6	mGRE sobre IPv4

Problemas de seguridad en entornos de transición hacia IPv6

Cuestiones en torno a la implementación de dual-stack

Los nodos dual-stack presentan desafíos propios:

- Es posible que esté mejor asegurado IPv4 que IPv6.
  En principio la falta de experiencia general sobre IPv6 hace posible que las aplicaciones estén menos maduras en sus versiones para el nuevo protocolo.

- Muchas veces, por facilitar la gestión, se equiparan las direcciones IPv4 con las direcciones IPv6 (por ejemplo al nodo 200.1.1.130 se le asigna la dirección 2001:db8:1:1::130). Esta conducta anula una de las características propias de los segmentos de redes IPv6 que es la amplitud de los mismos (2^{64} direcciones IPv6); esto dificulta la realización de relevamiento de direcciones activas en un segmento; pero la equiparación de direcciones anula esta particularidad.

- El usuario, típicamente, utiliza nombres para definir el destino de sus comunicaciones, con lo que no tiene claridad respecto de si la conexión se está realizando sobre IPv4 o IPv6.
  Consecuentemente, si las políticas de seguridad no están correctamente alineadas entre ambas redes, es posible que el usuario confíe en que su comunicación tiene un nivel de seguridad, mientras que en la realidad no es así.

El desafío de túneles

Entre los mecanismos de transición, más allá de la arquitectura dual-stack están los túneles que nos permiten establecer comunicaciones IPv6 sobre redes IPv4. Sin embargo, los túneles suponen también un desafío para la seguridad.

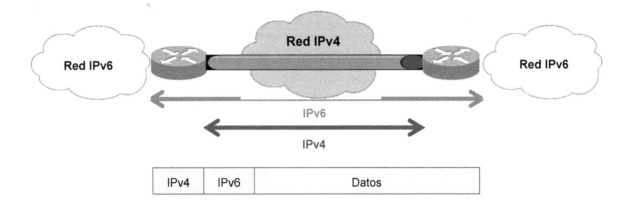

La seguridad de algunas redes corporativas descansa para la protección de su red interna en dispositivos de borde tales como routers con filtrado de paquetes o firewalls. En estos casos los paquetes correspondiente al tráfico de túneles, aun cuando no se encuentren encriptados, presentan el datagrama tunelizado (el paquete IPv6) como carga del paquete IPv4 por lo que no son inspeccionados por muchos de los dispositivos de inspección.

Por ejemplo, un paquete IPv6 que utiliza extensiones del encabezado es tunelizado dentro de un paquete IPv4. Si ese túnel debe atravesar el firewall, entonces el paquete IPv6 que se transporta en el túnel puede que no sea inspeccionado y consecuentemente puede contener código malicioso que afecte al dispositivo terminal que recibirá el paquete IPv6 original.

Esta situación puede tener diferentes soluciones posibles:

- Realizar la inspección en profundidad de los paquetes transportados solamente luego de que se complete la desencapsulación del tráfico tunelizado. Es decir, desencapsular el paquete primero y luego pasarlo por un firewall IPv6. Esto es básicamente una solución de diseño.

- Utilizar dispositivos de borde que realicen las 2 tareas: terminar los túneles e inspeccionar los paquetes. Esto requiere de dispositivos que estén en capacidad de ejecutar ambas funciones.

- No permitir el paso de túneles a través del borde de la red corporativa identificando y filtrando el ID de protocolo en el encabezado IPv4 externo o los puertos UDP correspondientes.

Una consideración aparte requiere la implementación de IPsec. IPv6 está diseñado de modo tal que se permite establecer túneles encriptados que conectan directamente dispositivos terminales.

En este caso el tráfico atraviesa los dispositivos de inspección del borde de las redes corporativas sin que sea posible inspeccionar el contenido de los mismos ya que los dispositivos de inspección no son parte de la asociación de seguridad y consecuentemente no pueden descifrar el contenido de los paquetes asegurados con IPsec. Esto es a la vez un riesgo de seguridad para los dispositivos terminales que quedan de esta manera expuestos a ataques utilizando túneles IPsec.

Las soluciones posibles a esta situación son:

- Que los dispositivos de borde bloqueen completamente los paquetes IPv6 con ID de próximo encabezado 50 (es el ID de ESP). Esta solución puede resultar inaceptable en el caso en el que se requiere utilizar túneles IPsec hacia fuera de la red corporativa.

- Implementar firewalling en los dispositivos terminales que han de levantar túneles IPsec. Es una buena solución ya que no prohíbe los túneles IPsec y permite la inspección del tráfico una vez que ha sido desencriptado. Esta solución también se utiliza en redes que permiten túneles IPsec sobre IPv4.

- Terminar todas las sesiones IPsec en el firewall para luego inspeccionarlas y reenviarlas hacia los dispositivos terminales. En este caso no se permiten sesiones IPsec entre terminales.

Situaciones con diferentes tipos de túnel

En términos generales todos los tipos de túneles utilizados como mecanismos de transición IPv4 / IPv6 entrañan riesgos de seguridad para entornos hogareños o SOHO donde es más difícil poder implementar algunos mecanismos de defensa propios de las redes corporativas.

De allí que en estas instalaciones, al poner en funcionamiento soluciones que incluyen tunelizado sobre todo de modo automatizado, es importante observar algunas buenas prácticas:

- Siempre es mejor implementar entornos dual-stack, evitando todo lo posible la implementación de túneles.

- Prefiera los túneles configurados manualmente a los automáticos, evitando permitir recibir túneles de origen desconocido.

Túneles manuales

En el caso de implementación de túneles manuales es posible mejorar la seguridad indicando cuál es el extremo remoto de finalización del túnel. En base a este punto puede aplicarse una ACL rechazando paquetes IPv4 con ID de protocolo 41 de cualquier origen que no sea uno de los explícitamente declarados en la configuración.

Túneles 6to4

Cuando se trata de túneles automáticos utilizando 6to4 no es posible especificar el extremo remoto que da origen al túnel ya que ese dispositivo puede encontrarse en cualquier parte. Por lo regular se deben aceptar túneles originados de cualquier origen IPv4 y esto representa un riesgo de seguridad.

Un mecanismo posible es verificar que la dirección IPv4 utilizada en la encapsulación sea consistente con la dirección 2002:: encapsulada.

Cuando se requiere aceptar túneles originados solamente en nodos 6to4 específicos, es posible utilizar ACLs IPv4 para restringir el origen de los túneles.

Túneles Teredo

Teredo representa un riesgo de seguridad ya que terminales que operan en una red exclusivamente IPv4 obtienen conectividad IPv6, lo que posibilita que esa terminal sea comprometida a través de IPv6.

La implementación de Teredo utiliza segmentos UDP, por lo que es posible filtrar el tráfico UDP para evitar que se levante este tipo de túneles y que se comprometan terminales de la red interna.

Hay varios riesgos implícitos en la implementación de Teredo:

- Se ponen en riesgo las terminales directamente conectadas a la red IPv6.
  Estas terminales están expuestas a ataques basados en IPv6 y carecen de la protección que les brinda NAT en la red IPv4 y la posibilidad de barreras en el borde de la red.
  Por este motivo se recomienda la implementación de un firewall IPv6 a nivel del nodo.

- Se pueden generar ataques man-in-the-middle por spoofing de Teredo.
  La implementación de Teredo requiere la asociación a un servidor Teredo elegido por el nodo al que se accede a través del nombre o la dirección IP; esto posibilita que un atacante usurpe la identidad del servidor Teredo.
  Este tipo de ataque puede mitigarse asegurando la comunicación cliente-servidor utilizando IPsec u otro mecanismo semejante.

- Se puede denegar el servicio Teredo a clientes Teredo.
  Esto puede hacerse sobrecargando los servidores o clientes Teredo con un exceso de conexiones o de tráfico.
  También es posible utilizar Teredo para generar ataques DDoS hacia nodos IPv6 partiendo de direcciones IPv5 usurpadas (spoofing).

Consideraciones de seguridad con NAT-PT

Hay varios puntos a tener presentes cuando se implementa NAT-PT:

- IPsec no puede atravesar una implementación de NAT-PT ya que al recibirse un paquete que utiliza ESP no será validado por el nodo receptor porque detectará la modificación del paquete en tránsito (violación de integridad).

- Cuando se trata de sesiones FTP, el cliente incluyen en la porción de datos del paquete que envía al servidor la dirección IP y el puerto en el que espera la transferencia de los datos.

Si el cliente es una terminal IPv4 incluirá en esa petición una dirección IPv4 a la que un servidor en la porción IPv6 de la red no podrá responder. Y aún si pudiera hacerlo (si es un nodo dual-stack), el dispositivo NAT-PT no permitiría la comunicación ya que no conoce la sesión que intenta establecerse.
Para este propósito debiera implementarse un servidor proxy de aplicación, aunque es una solución poco performante.

- Los dispositivos NAT-PT son un único punto de fallo para los dispositivos que deben utilizarlo para sus comunicaciones, por lo que están expuestos a un ataque DoS.

Requerimientos de ICMPv6

En muchas redes corporativas se bloquea el tráfico ICMP en los dispositivos de borde o se aplican restricciones como parte de la política de seguridad. En el caso de las redes IPv6 ICMPv6 cumple un rol mucho más relevante y necesario, por lo que si se desea filtrar ICMPv6 en el borde de la red es preciso tener presentes algunas de sus funciones:

- Cuando un dispositivo se encuentra operativo pero un protocolo específico no, se utiliza ICMPv6 para reportar al originante que el protocolo o puerto que se busca no responde.

- En IPv6 solamente los nodos que son origen de paquetes pueden fragmentarlos, para lo que ejecutan el procedimiento de PMTUD a fin de detectar el tamaño máximo de los paquetes que pueden enviarse a un destino específico. Este procedimiento depende de la posibilidad de enviar y recibir mensajes ICMPv6.

- El procedimiento de descubrimiento de vecinos también depende de la operación de ICMPv6.

- Cuando se considera la movilidad de terminales IPv6, tanto los nodos móviles como los home agents deben poder intercambiar mensajes ICMPv6 para mantener las comunicaciones.

Por estos motivos las redes IPv6 requieren una cuidadosa ingeniería para permitir el flujo de los mensajes ICMPv6 que sean necesarios para su correcto funcionamiento.

Prácticas de seguridad en IPv6

Amenazas en redes IPv6

Dado que se trata de una red diferente, con características y modos de operación propios, en las redes IPv6 encontramos algunas amenazas que ya son conocidas de redes IPv4, otras no tienen impacto, y aparecen algunas nuevas.

Relevamiento o escaneo de la red

Un elemento de información importante para un atacante es el listado de direcciones IP operativas en un segmento. Si no tiene otra forma de obtener información realizará una revisión o escaneo completo del segmento de red para verificar cuáles son las direcciones que aparecen como activas.

Cuando se trata de redes IPv4 el relevamiento de un segmento /24 requiere de solamente 25 segundos, y el de uno /16 de algo así como 2 horas. En redes IPv6 que utilizan prefijos /64 como se recomienda, en cambio, el tiempo necesario es tan alto que el rastreo de direcciones IPv6 activas se vuelve inútil.

Por lo tanto, en redes IPv6 es de poca relevancia el rastreo de direcciones IPv6 activas dada la magnitud de la búsqueda; sin embargo aún puede ser utilizado para saturar las tablas caches de routers o firewalls en ataques DoS ya que la cantidad de entradas que pueden generarse excede los límites de los dispositivos.

Spoofing

Como ocurre en redes IPv4, es posible que un atacante usurpe el uso de direcciones legítimas de la red para hacerse ver como un dispositivo legítimo y superar de esta manera barreras que filtran tráfico en función de su dirección de origen.

Para prevenir este tipo de ataques es necesario colocar filtros en los bordes de la red:

- Paquetes que tienen direcciones origen que corresponden a la red LAN no deben ser admitidos desde la WAN o Internet.

- Por otra parte, solamente aquellos paquetes que tienen direcciones correspondientes a la LAN como origen deben tener permitido salir de la red hacia la WAN o Internet.

- Implementar uRPF para verificar la procedencia de las direcciones de origen.

```
Router(config-if)#ipv6 verify unicast source reachable-via [rx|any]
[allow|default]
```

Fragmentación

La fragmentación es un procedimiento explotado en redes IPv4 para canalizar ataques de diferente tipo apoyándose en que al fragmentarse un paquete solamente el primer fragmento mantiene el encabezado de capa 4 (TCP o UDP); de esta manera el segundo fragmento no contiene encabezado de capa 4 y por lo tanto no puede ser sometido a políticas de inspección de ese nivel. Esto es aprovechado para atacar al dispositivo terminal destino del tráfico. Para solucionar este inconveniente algunos firewalls implementan VFR lo cual requiere recursos de procesamiento y memoria.

IPv6 implementa PMTUD para evitar la fragmentación de los paquetes. Si todos los nodos de la red se abstienen de utilizar fragmentación entonces se pueden denegar los paquetes fragmentados completamente.

```
Router(config-ipv6-acl)#deny ipv6 any any fragments
```

ARP y DHCP

En redes IPv4 el ataque de ARP spoofing permite usurpar la identidad de dispositivos en el mismo segmento de red, por ejemplo, del gateway.

En redes IPv6 ARP ha sido reemplazado por el proceso de descubrimiento de vecinos. En este caso se puede utilizar SeND (Secure Neighbor Discovery) que permite asegurar el intercambio de paquetes de descubrimiento de vecinos.

También pueden implementarse entradas estáticas en la tabla de vecinos para asegurar nodos críticos.

```
Router(config)#ipv6 neighbor 2001:db8:1:1::53 GigabitEthernet0/0
0a0b.abcd.3456
```

Respecto de DHCP, en redes IPv6 aún no hay disponibles contramedidas equivalentes a las disponibles en redes IPv4 para evitar los ataques de DHCP spoofing, por lo que es posible que un atacante, dentro del segmento, fuerce respuestas apócrifas y sobrescriba configuraciones IP legítimas.

Smurf

Un ataque de este tipo en redes IPv4 supone que se envíe un paquete con una dirección de origen ilegítima utilizando la dirección de broadcast de la red o subred. En redes IPv6 no hay direcciones de broadcast por lo que no es posible llevar adelante ataques de este tipo y las direcciones de multicast que son de alcance puramente local no sirven para este tipo de ataques.

De cualquier modo, también es importante tener presente que las direcciones de multicast nunca deben ser direcciones de origen, por lo que no está de más filtrar este tipo de paquetes:

```
Router(config-ipv6-acl)#deny ipp6 FF00::/8 any log
Router(config-ipv6-acl)#permit ipv6 any any
```

Source routing

Si bien es posible implementar rutas definidas desde el origen utilizando extensiones del encabezado IPv6 introducidas con ese propósito, un atacante puede utilizar estas funciones para cambiar la ruta definida a través de la infraestructura especificando los saltos intermedios que se desean recorrer.

Este mecanismo puede anularse suprimiendo la posibilidad de procesar el encabezado de enrutamiento en los dispositivos:

```
Router(config)#no ipv6 source-route
```

Sin embargo, esto no evita que los dispositivos terminales procesen las extensiones de encabezados que reciban, por lo que es necesario proteger cada dispositivo localmente.

Una alternativa, si no se ha de implementar estas funciones en la red, es filtrar todos los paquetes que incluyan una extensión de encabezado de enrutamiento utilizando una lista de acceso:

```
Router(config-ipv6-acl)#deny ipv6 any any routing log
Router(config-ipv6-acl)#permit ipv6 any any
```

Dispositivos intrusos

Se trata de dispositivos ajenos a la red introducidos por un atacante con el objetivo de lograr diferentes grados de control. Entre los dispositivos intrusos que suelen introducirse se encuentran routers, switches, servidores DHCP o DNS, puntos de acceso inalámbrico, etc.

Esto es posible en la medida en que no se asegura la capa de acceso a la red, lo que permite que se conecten nuevos dispositivos y se extienda la red sin participación de los responsables de la gestión de la misma.

Para contrarrestar este tipo de acciones IPv6 ofrece varias opciones:

- Implementar IPsec.

- Autenticar dispositivos y usuarios utilizando 802.1x.

- Implementar SeND.

Redireccionamiento de tráfico

Un mecanismo habitual es redireccionar el tráfico hacia dispositivos instalados por el atacante a través de diferentes técnicas para luego monitorear ese tráfico y obtener información o modificarlo. Para esto el atacante opera:

- Aprovechando mensajes ICMPv6 redirect.

- Modificando las tablas de enrutamiento a través de la inclusión de rutas más específicas que las rutas legítimas.

- Atacando la operación del FHRP.

Para prevenir este tipo de actividades es entonces necesario:

- Implementar autenticación de los mensajes ICMPv6 redirect.

- Autenticar el intercambio de información de los protocolos de enrutamiento.

- Autenticar la negociación del FHRP.

Ataques a los servicios

Los diferentes servicios de red que operan en arquitecturas IPv6 siguen operando en los niveles superiores y tienen las mismas vulnerabilidades ya conocidas en arquitecturas IPv4.

En este aspecto siguen vigentes las mismas recomendaciones o contramedidas implementadas en redes IPv4:

- Bloquear el acceso o desactivar los servicios que no sean necesarios.

- Bloquear el acceso a los servicios a aquellos clientes que por política no estén habilitados para hacerlo.

- Controlar y mantener actualizadas las aplicaciones y sistemas operativos.

Los nuevos desafíos

La implementación de IPv6 conlleva el desarrollo y despliegue de aplicaciones peer-to-peer, las que tienen un impacto importante en la implementación tradicional de políticas de seguridad.

- Las aplicaciones peer-to-peer es posible que establezcan comunicaciones entre nodos internos de la red corporativa y servidores que se encuentran en la red externa. Una primera opción es bloquear este tipo de aplicaciones, pero esta es una política que se volverá insostenible con el desarrollo de aplicaciones centralizadas y servicios de nube.

Además debemos tener en cuenta que estas aplicaciones pueden estar protegidas por IPsec ESP, esto hace ineficaz la inspección que pueda realizarse en los firewalls del borde de la red o en los IPSs. En este caso la única protección efectiva es en el terminal.

- Los nodos que utilicen este tipo de aplicaciones requieren de DNS. En la medida en que los servicios peer-to-peer crezcan la cantidad de registros en el DNS crecerá y DDNS se volverá necesario. Es posible entonces que los ataques de diccionario sobre los nombres de los nodos se vuelvan más efectivos y se sea difícil ocultar los terminales.

- Si bien no se ha definido la implementación de NAT para redes IPv6, en algunos casos puede ser útil implementar servidores proxies de aplicaciones que permitan a nodos de la red interna obtener acceso a servicios externos de modo controlado.

En definitivo, una arquitectura de seguridad distribuida con defensa en profundidad es crucial en las arquitecturas IPv6.

¿Se puede ocultar la topología de la red?

Dado que la mayoría de las redes IPv4 implementan NAT para el acceso a Internet, esto permite sin mayor complejidad ocultar la topología interna de la red corporativa sin necesidad de implementar recursos adicionales.

En el caso de redes IPv6, en las que se prevé que todos los nodos que tienen que conectarse a Internet utilicen direccionamiento global ya no hay una barrera como NAT para que la estructura de la red corporativa pueda ser reconocida desde Internet. Ahora bien, un punto de la discusión actual respecto del despliegue de redes IPv6 está referido respecto a la importancia o no de ocultar la red interna potenciales atacantes conectados la red global.

En este punto, una de las diferencias significativas que conlleva la arquitectura IPv6 es el tamaño de los segmentos de red que dificultan notablemente estrategias que incluyan un relevamiento o escaneo de la red. Más aún cuando se intenta desde Internet relevar redes corporativas que quizás tienen asignado un prefijo /48 (esto significa que cuentan con un total de 2^{80} direcciones posibles).

Por este motivo, una práctica recomendada es asignar los prefijos a cada segmento de subred de un modo que no resulte obvio o fácilmente descifrable, aunque manteniendo una estructura que permita la sumarización de rutas. Esta es una práctica que debe ser considerada parte de una estrategia de ocultamiento de la estructura interna de la red.

Adicionalmente, si se desea implementar una estrategia de ocultamiento de la red, hay que considerar:

- Cuando no se requiere implementar servicios end-to-end, se puede utilizar direccionamiento global y servidores proxy para los servicios basados en Internet.

- Utilizar MIPv6. Si los terminales están siempre en movimientos se los puede asociar a un segmento de red específico y que hagan roaming internamente. De esta manera, vista desde fuera, la red tiene un único rango de direcciones acotado.

Asegurar el segmento de red local

Un punto especial ocupa la protección de posibles ataques realizados desde el mismo segmento de red. Hay varios tipos de ataques posibles que deben ser tenidos en cuenta, entre ellos, los ataques de neighbor cache poisoning que consisten en la creación de entradas inconsistentes en la tabla de vecinos IPv6 de una terminal.

Para asegurar el intercambio de información en el segmento local IPv6 incluye 2 mecanismos: SeND y CGA (Cryptographically Generated Addresses), que han sido definidos en los RFCs 3971 y 3972 y que permiten que una vez generada una entrada en la tabla de vecinos no puede ser re-escrita por un atacante.

> ✍ Se trata de mecanismos aprobados en el año 2005, por lo que no están implementados aún en todos los sistemas, pero son un requerimiento a tener presente en redes con requisitos de seguridad altos.

Las direcciones CGA son direcciones IPv6 generadas utilizando un algoritmo de hash a partir de una clave pública y algunos parámetros adicionales. La idea es fortalecer el uso de SeND con la incorporación de un sistema de cifrado de clave asimétrica.

Para poder generar una dirección CGA es necesario, en primer lugar, obtener una llave RSA. A continuación se computan los 64 bits que han de identificar la interfaz en la dirección IPv6 y el resultado se agrega al prefijo para formar una CGA.

Como consecuencia:

- La generación de una CGA es un evento de una sola vez.

- Una CGA válida no puede ser usurpada.

- Los mensajes se firman con una llave privada que coincide con la llave pública que se utiliza para la generación de la CGA. Sólo el dispositivo legítimo cuenta con esa llave privada.

Configuración de CGA

```
Router(config)#crypto key generate rsa label CGA_keys
```
Genera un par de claves pública y privada RSA identificadas con una etiqueta, en este caso "CGA_keyx".

```
Router(config)#ipv6 cga modifier rsakeypair CGA_keys sec-level 1
```
Asocia las llaves RSA que se acaban de crear (CGA_keys) para ser utilizadas en el proceso de CGA.

```
Router(config)#ipv6 nd secured sec-level minimum 1
```
Define el nivel de seguridad utilizado en SeND, este caso nivel 1 indica que se utiliza CGA.

```
Router(config)#ipv6 nd secured key-length minimum 1024
```
Define una longitud mínima para la llave RSA que se genera.

```
Router(config)#interface GigabitEthernet0/0
Router(config-if)#ipv6 cga rsakeypair CGA_keys
```

Especifica el par de llaves RSA (privada y pública) que debe utilizarse en esta interfaz.

```
Router(config-if)#ipv6 address 2001:db8:1:1::/64 cga
```

Define una dirección IPv6 para la interfaz que toma como base un prefijo /64 y lo integrará con los 64 bits generados como resultado del proceso CGA.

ICMPv6 en el borde de la red

En las arquitecturas IPv6 ICMPv6 es un protocolo esencial para la operación y correcto funcionamiento de la red. Se utiliza en operaciones cruciales, algunas de las cuales atraviesan el borde de la red como es el caso de PMTUD; por lo tanto no es posible aplicar sin ninguna consideración especial las políticas habituales de ICMP propias de redes IPv4.

Por este motivo no es una opción en arquitecturas IPv6 bloquear completamente el tráfico de paquetes ICMPv6, sino que se debe considerar cuidadosamente qué tipos de paquetes deben ser permitidos a través de los dispositivos de borde tanto hacia la red global como hacia la red interna, y también cuál es el volumen de ICMPv6 que se ha de considerar aceptable para establecer límites que impidan un aprovechamiento indebido de los permisos.

En términos generales, salvo que se implemente en los terminales un MTU de 1280 bytes para generar paquetes "Guaranteed Not To Be Too Big", es necesario permitir el proceso de PMTUD a fin de asegurar la mejor experiencia posible a los usuarios finales. Más allá de este permiso es necesario evaluar las aplicaciones y servicios que se han de utilizar con destino más allá del borde de la red a fin de asegurar que estén permitidos los paquetes ICMPv6 necesarios y en lo posible establecer un límite aceptable para ese tráfico.

Consideraciones para la implementación de MIPv6

Cuando una red implementa movilidad respecto de correspondent nodes accedidos a través de la red global hay que considerar que la operación de IPv6 Mobility requiere la utilización de encabezados de enrutamiento tipo 2 que deberán atravesar las políticas de seguridad implementadas en el acceso de la red interna a Internet.

Dado que en arquitecturas IPv4 la práctica común es bloquear en el acceso a Internet los paquetes que utilizan enrutamiento definido desde el origen, este no es un feature utilizado en redes IPv4. Pero esto no puede mantenerse así en redes IPv6 con movilidad.

Las extensiones de encabezado de enrutamiento tipo 2 son específicos para MIPv6 y solo permiten la definición de un salto intermediario (los encabezados de enrutamiento tipo 0 permiten cualquier número de saltos intermedios) y requieren que la dirección de destino final sea la home address del nodo móvil.

Los firewalls actualmente en operaciones no tienen la capacidad de diferenciar extensiones de encabezado de enrutamiento tipo 2 y tipo 0. Sin embargo se espera que en próximas actualizaciones esto se subsane. Mientras tanto es necesario asegurar que la implementación de seguridad en el borde de la red permita los paquetes ICMPv6 necesarios y el uso de extensiones de encabezado de enrutamiento.

La seguridad en entornos IPv6 es un tema que se ha de considerar aún en redes que "no implementan IPv6".

Muchas organizaciones aún no han planteado el despliegue de IPv6 en sus redes y por lo tanto no toman contramedidas que las pongan a resguardo de posibles ataques que aprovechen vulnerabilidades de IPv6. Sin embargo la realidad es que hoy la mayoría de los sistemas operativos instalan IPv6 por defecto, y por lo tanto, aun cuando no se implementa explícitamente el protocolo está activo en la red y puede ser aprovechado por un potencial atacante para aprovecharlo como una puerta trasera no custodiada.

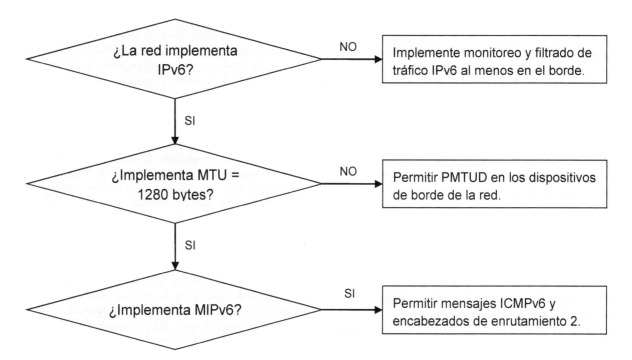

Una terminal con el protocolo IPv6 activado, aun cuando la red no implemente aún el protocolo, puede ser aprovechada para realizar ataques explotando las posibilidades de ICMPv6. También es posible que un usuario levante, por ejemplo, un túnel Teredo contra un servidor en Internet generando de este modo una puerta de acceso desde la red global que no es controlada por ninguna barrera de seguridad. En conclusión, en redes que "oficialmente" aún no implementan IPv6 es posible encontrar una implementación dual-stack de hecho que despliegue capacidades de IPv6 sin estar sometidas a ninguna de las políticas de seguridad de la organización.

Por este motivo, aun cuando la decisión corporativa sea no implementar aún IPv6, es necesario aplicar sistemas de monitoreo y filtrado de tráfico de IPv6 con el propósito de detectar este tipo de comportamientos y evitar que el protocolo sea explotado como puerta trasera de la red.

Asegurar el enrutamiento

En las redes corporativas los ataques de origen interno son más frecuentes (en general) que los que están originados en Internet. Desde esta posición, no es difícil provocar una interrupción de operaciones inyectando información de enrutamiento apócrifa.

Para prevenir este tipo de ataques es esencial la implementación de la autenticación de la información de enrutamiento intercambiada utilizando los diferentes protocolos de enrutamiento. Todos los protocolos de enrutamiento disponibles cuentan con mecanismos de autenticación, ya sea internos o basados en los mecanismos de IPsec. Esta debiera ser una práctica regular en redes corporativas.

Laboratorios

Topología

Todos los laboratorios presentados en este manual pueden ser realizados utilizando un laboratorio conformado por 3 routers Cisco dotados con sistema operativo Cisco IOS 15.2 o superior y 3 terminales conectadas con sistema operativo Microsoft.

Los routers pueden ser dispositivos físicos (routers Cisco 1900 o superiores) o virtuales (CSR 1000v), del mismo modo, los terminales pueden ser máquinas virtuales.

La topología utilizada es la siguiente:

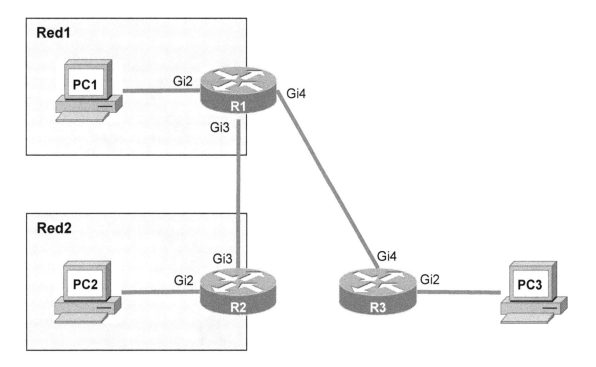

El esquema de direccionamiento propuesto es el siguiente:

Dispositivo	Interfaz	IPv4	IPv6
R1	Gi2	192.168.1.1/24	2001:db8:1:1::1/64
	Gi3	192.168.101.1/30	2001:db8:1:a::1/64
	Lo1	--	2001:db8:1:100::1/64
	Lo2	--	2001:db8:1:200::1/64
	G4	--	2001:db8:1:300::2/64
R2	Gi2	192.168.2.1/24	2001:db8:2:1::1/64
	Gi3	192.168.101.2/30	2001:db8:1:a::2/64
	Lo1	--	2001:db8:2:100::1/64

Dispositivo	Interfaz	IPv4	IPv6
	Lo2	--	2001:db8:2:200::1/64
R3	G2	192.168.3.1/24	2001:db8:10:1::1/64
	G4	--	2001:db8:1:300::1/64
PC1	Lab	192.168.1.2/24	2001:db8:1:1::f/64
PC2	Lab	192.168.2.2/24	2001:db8:2:1::f/64
PC3	Lab	192.168.3.2/24	2001:db8:10:1::f/64

Lab 6-1 – Configuración de listas de acceso IPv6

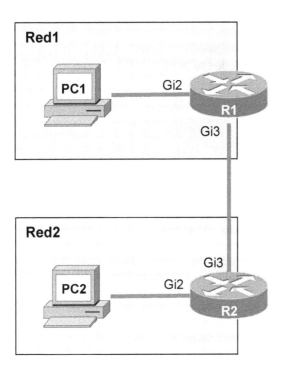

Objetivo

Es este ejercicio configuraremos diferentes ACLs para cumplir las políticas que se proponen.

Configuración de ACL estándar para IPv6

1. Utilizando el comando ping desde la PC1 verifique que alcanza todas las interfaces de R1: G2, G3, Lo1 y Lo2.

2. En el router R1 genere una ACL con el nombre LANin que permita a la PC1 acceder solamente a las interfaces Lo1 y Lo2.

✎ Tenga presente que si solamente utiliza sentencias de permiso, no solo hay un deny all implícito al final, sino que también están permitidos paquetes ICMPv6 que son esenciales para la operación de la red.

3. Aplique la ACL que acaba de crear de modo que se aplique al tráfico entrante a través de la interfaz Gi2.

4. Repita la verificación realizada en el paso 1 desde la PC1, ahora solo deben responder los comandos ping direccionados a las interfaces Lo1 y Lo2.

5. Verifique la ACL en R1 utilizando el comando `show ipv6 access-lists`.

Configuración de ACL extendida para IPv6

1. Verifique la conectividad desde la PC1 al R1 a través del servicio de Telnet iniciando una sesión Telnet desde la PC1 al R1 utilizando la dirección IPv6 de la interfaz Lo1.

    ✎ Tenga en cuenta la configuración actual de R1. Si no se ha configurado adecuadamente el acceso por terminal virtual, R1 no aceptará la solicitud, por lo que se rechazará la solicitud. Pero el mensaje de solicitud rechazada nos muestra que es posible acceder por ese medio.

2. En R1 cree una ACL llamada LANin2 que permita aplicar la siguiente política:

    a. Permitir el acceso utilizando Telnet desde la PC1 a R1 exclusivamente utilizando como destino la dirección IPv6 de la interfaz Lo1.

    b. Permitir todos los mensajes ICMPv6 neighbor-solicitation (nd-ns).

    c. Permitir todos los mensajes ICMPv6 neighbor-advertisement (nd-na).

    d. Negar explícitamente todo otro tráfico.

3. Retire de la interfaz G2 la ACL LANin que se aplicó en el ejercicio anterior y coloque allí la ACL que se acaba de crear (LANin2).

4. Desde la PC1 verifique la posibilidad de conectarse utilizando Telnet utilizando como destino la dirección IPv6 de la interfaz Lo1. El intento debe ser exitoso.

5. Repita la tarea pero utilizando ahora como destino la dirección IPv6 de la interfaz Lo2. El intento debe fallar.

6. Intente ahora ejecutar un ping a la dirección IPv6 de la interfaz Lo1.
    ¿Qué resultado obtiene?
    ¿Por qué?

7. En R1 verifique la operación de la ACL utilizando el comando `show ipv6 access-lists`.

Control de acceso a un router utilizando IPv6

1. Remueva la ACL que aplicó en la interfaz G2 de R1 en el ejercicio anterior.

2. Desde la PC1 verifique que puede conectarse utilizando Telnet al R2 utilizando como destino la dirección IPv6 de la interfaz G3.

3. Desde la PC2 verifique que puede conectarse utilizando Telnet al R2 utilizando como destino la dirección IPv6 de la interfaz G2.

4. En R2 cree una ACL IPv6 con el nombre VTY y que permita únicamente el acceso desde la PC1, utilizando como destino cualquiera de las interfaces del router R2.

5. Aplique la ACL que acaba de crear a las terminales virtuales 0 a 4.

6. Desde la PC1 verifique que puede acceder por Telnet a R2 utilizando como destino la dirección IPv6 de la interfaz G3. El resultado de este intento debe ser exitoso.
   El mismo resultado debiera obtener utilizando cualquiera de las direcciones IPv6 de las interfaces de R2.

7. Realice la misma verificación desde PC2, intentando un Telnet a R2 utilizando como destino de la sesión Telnet la dirección IPv6 de la interfaz G2. El intento debe fallar.
   El mismo resultado debiera obtener utilizando cualquiera de las direcciones IPv6 de las interfaces de R2.

Comandos a considerar

```
Router(config)#ipv6 access-list [ID]
Router(config-ipv6-acl)#[deny|permit] [origen] [destino]

Router(config)#interface [interfaz]
Router(config-if)#ipv6 traffic-filter [ID] [in|out]

Router(config)#line vty 0 4
Router(config-line)#ipv6 access-class [ID]

Router#clear ipv6 access-list [ID]
Router#show ipv6 access-list
Router#show ipv6 interface brief
```

Lab 6-2 – Implementación de IPsec e IKE

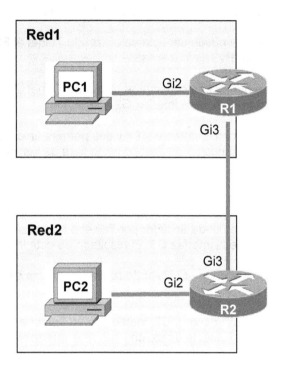

Objetivo

Es este ejercicio utilizaremos IPsec para establecer comunicaciones seguras entre 2 redes LAN (IPsec site-to-site).

Para definir la política de IKE se utilizarán los siguientes parámetros:

- Cifrado: AES con llave de 256 bits

- Hash: SHA-1

- Autenticación: Clave pre-compartida

- Grupo Diffie-Hellman: 5

- Lifetime: 1 hora

La política de IPsec a implementar será la siguiente:

- Protocolo: ESP

- Cifrado: AES con llave de 256 bits

- Autenticación: SHA-1

- Modo: Túnel

- Lifetime: 1 hora

Configuración de IPsec

2. Configure en R1 y R2 una política de IKE utilizando los parámetros que se indican al inicio del ejercicio.

3. Defina como clave pre compartida para la autenticación de IKE C1sc0IPv6 indicando como dirección del peer:

   - En R1 la dirección 2001:db8:1:a::2

   - En R2 la dirección 2001:db8:1:a::1

4. Configure una política IPsec (transform set) llamada IPv6 utilizando los parámetros indicados al inicio del ejercicio.

5. Cree un perfil IPsec con el nombre IPv6 y asóciele la política IPsec que acaba de crear (IPv6).

6. Cree una interfaz virtual de túnel (VTI) estática en ambos routers para definir el túnel entre ambos:

   - En R1:

   - Dirección IPv6:   2001:db8:3:1::1/64

   - Origen del túnel: G3

   - Destino del túnel: 2001:db8:1:a::2

   - Modo del túnel: IPsec IPv6

   - Protección: Perfil IPv6

   - En R2:

   - Dirección IPv6:   2001:db8:3:1::2/64

   - Origen del túnel: G3

   - Destino del túnel: 2001:db8:1:a::1

   - Modo del túnel: IPsec IPv6

   - Protección: Perfil IPv6

7. Cree un proceso RIPng en R1 y en R2 con la etiqueta RIPIPv6.

8. Asocie al proceso de RIP en cada uno de los routers las siguientes interfaces:

   - G2

   - Lo1

   - Lo2

- Túnel IPsec

9. La implementación de RIPng debe disparar la negociación tanto de IKE como de IPsec. Verifique el estado de IKE en ambos routers (R1 y R2) utilizando el comando `show crypto isakmp sa`.

10. Verifique el estado de la asociación de seguridad IPsec en ambos dispositivos utilizando el comando `show crypto ipsec sa`.
    En este caso las estadísticas de cifrado y descifrado no deben estar en cero ya que deben estar circulando paquetes a través del túnel.

11. Verifique la tabla de enrutamiento en R1 utilizando el comando `show ipv6 route`. En este caso se deben encontrar, a través de la interfaz de túnel, rutas a las redes conectadas a R2:

    - 2001:db8:2:1::/64

    - 2001:db8:2:100::/64

    - 2001:db8:2:200::/64

12. Desde la PC1 verifique la conectividad con la PC2 ejecutando `ping 2001:db8:2:1::f`.

13. Verifique el camino utilizado para llegar hasta PC2 ejecutando `tracert 2001:db8:2:1::f`.

Comandos a considerar

```
Router(config)#crypto isakmp policy [prioridad]
Router(config-isakmp-policy)#hash [md5|sha]
Router(config-isakmp-policy)#encryption [des|3des|aes]
Router(config-isakmp-policy)#authentication pre-share
Router(config-isakmp-policy)#group [1|2|5]
Router(config-isakmp-policy)#lifetime [segundos]
Router(config-isakmp-policy)#exit
Router(config)#crypto isakmp key [llave] address ipv6 [prefijo]
Router(config)#crypto ipsec transform-set [ID] [cifrado] [authentic]
Router(config)#crypto ipsec profile [ID2]
Router(config-crypto-transform)#set transform-set [ID]
Router(config-crypto-transform)#exit
Router(config)#interface tunnel [ID]
Router(config-if)#ipv6 address [IPv6]
Router(config-if)#tunnel source [interfaz]
Router(config-if)#tunnel destination [IPv6]
Router(config-if)#tunnel mode ipsec ipv6
Router(config-if)#tunnel protection ipsec profile [ID2]

Router#show crypto ipsec sa
Router#show ipv6 route
Router#show crypto isakmp sa
```

Modelos de implementación de IPv6

> ✎ Las abreviaturas y siglas utilizadas en este manual son de conocimiento común en la industria. Puede encontrar un desarrollo de cada una de ellas en el Glosario de Siglas y Términos de Networking que está publicado en línea en la Librería de EduBooks y es de acceso libre:
> https://es.scribd.com/doc/292165924/Glosario-de-Siglas-y-Terminos-de-Networking-version-1-0

Como ocurre en el caso de IPv4, una adecuada comprensión de IPv6, de cómo se asignan las direcciones y cómo las organizaciones pueden conectarse a Internet son los que nos aseguran que nuestro despliegue del protocolo sea consistente con los estándares aplicados en la industria y las mejores prácticas.

Asignación de direcciones IPv6

La longitud del espacio de direccionamiento proporcionado por IPv6 hace que los métodos de asignación de direcciones para conectividad global difieran sensiblemente de los aplicados para IPv4.

Algo de la historia de IPv6 en Internet

Una vez aprobado IPv6 con los primeros RFCs se hacía necesario comenzar a probar el protocolo y su operación en Internet. Sin embargo, Internet en ese momento no estaba preparada para la operación del nuevo protocolo con el cual solo operaban unos pocos nodos aislados y de modo no estructurado.

Por este motivo la IETF creó 6bone: un conjunto experimental de nodos IPv6 conectados a través de la red global. 6bone tuvo inicio como un conjunto de redes conectadas entre sí utilizando túneles sobre la Internet IPv4; como toda red elaborada sobre una lógica de tunelizado, por naturaleza, estaba destinada desde su lanzamiento a ser una solución temporal hasta tanto se contara con enlaces IPv6 nativos.

Sin embargo, aun siendo transitoria, 6bone fue de gran utilidad para el trabajo de diseñadores y desarrolladores de protocolos, ya que encontraron en ella una infraestructura de prueba que les era imprescindible. Fue a la vez la primera infraestructura para la que se asignaron direcciones IPv6: con este propósito se utilizó el prefijo 3FFE::/16, realizando asignaciones temporales.

Hacia mediados del año 2003 6bone llegó a comunicar más de 1000 sitios en alrededor de 50 países diferentes.

Reseña histórica:

- 1996 – Se establecen los túneles a BayNetworks, Cisco y varias universidades de Japón. Se logran los primeros intercambios de paquetes.

- 1998 – Fibertel (Argentina) es el primer ISP de América Latina en obtener un bloque de direcciones 3FFE:: para operar en 6bone.

- 1999 – Primera conexión al 6bone con un túnel feenet6 en Canadá.

- 2004 – El 1 de enero de este año comenzó el proceso de desactivación de 6bone.

- 2006 – El 6 de junio se desactivó completamente 6bone, y los prefijos que se asignaron transitoriamente han regresado a IANA para su utilización futura.

Asignación de direcciones globales IPv6

La operación actual de Internet requiere de un mecanismo de asignación de direcciones globales de unicast que es encabezado por IANA y los RIRs:

- IANA definió que divide el rango de direcciones IPv6 posibles en octavos (prefijos /3), y comenzó a asignar bloques a los registros regionales tomados del bloque 2000::/3.

- Cada RIR recibe de IANA un bloque /12. Para cumplir con esta política y poder a futuro sumarizar adecuadamente lo asignado a cada región, IANA ha reservado para cada RIR un prefijo /7, a partir del cual realiza la asignación de los bloques /12 que se vayan solicitando:

    o APNIC: 2400::/7

    o ARIN: 2600::/7

    o LACNIC: 2800::/7

    o RIPE: 2a00::/7

    o AFRINIC: 2c00::/7

- Los RIRs se ocupan de asignar prefijos a los ISPs de su región.

Cada registro regional asigna bloques de direcciones asigna a los ISPs utilizando políticas definidas a partir de las líneas guía publicadas formalmente en julio de 2002 por la IETF.

Hasta el año 2009 solamente se asignaban bloques de direcciones a los ISPs por lo que para un usuario u organización solamente era posible obtener direccionamiento global a partir del espacio de direccionamiento de un ISP (provider-dependent IPv6 blocks). Como resultado del crecimiento de los requerimientos de direccionamiento, sobre todo para redes multihomed, a partir de ese año los RIRs comenzaron a aplicar un mecanismo llamado "Direct Assignment" que posibilita a las organizaciones y empresas obtener bloques IPv6 provider-independent.

Política de asignación a ISPs

Las políticas de asignación actuales pueden sintetizarse así:

- El criterio de asignación inicial requiere que el solicitante sea un LIR (lo que generalmente denominamos un ISP).

- Se requiere que el LIR que recibe un bloque de direcciones, además de los compromisos de publicación y sumarización de rutas propios de BGP, debiera asignar prefijos /48 al menos a 200 organizaciones en el términos de 2 años.

Estos LIRs o ISPs son entonces elegibles para recibir al menos un prefijo /32. La longitud de prefijo que recibirá está en relación al número de usuarios existente y la extensión de la infraestructura del ISP.

Una excepción a estas políticas que se aplican a los ISPs es la necesidad de organizaciones que no son proveedoras de servicios de contar con un espacio de direccionamiento independiente de los proveedores, como es el caso de la operación de redes multihomed.

> ✍ Se denominan redes multihomed a aquellas que para cubrir requerimientos de alta disponibilidad se conectan a Internet a través de múltiples ISPs. En este caso la red debe realizar una implementación estándar de BGP en sus conexiones.

En este caso la gestión puede hacerse a través de un ISP o de modo directo. Las asignaciones de modo directo, en general, se evitan para asegurar la escalabilidad de las tablas de enrutamiento IPv6 y evitar su "contaminación" con prefijos muy largos (que consecuentemente no están sumarizados) de modo innecesario.

> ✍ Dada la longitud de los prefijos, las rutas IPv6 requieren mayor espacio de memoria en los dispositivos para su almacenamiento, y mayor ancho de banda para su transporte. Por este motivo se intenta limitar el uso de direcciones independientes del proveedor para prevenir futuros problemas de escalabilidad de BGP.

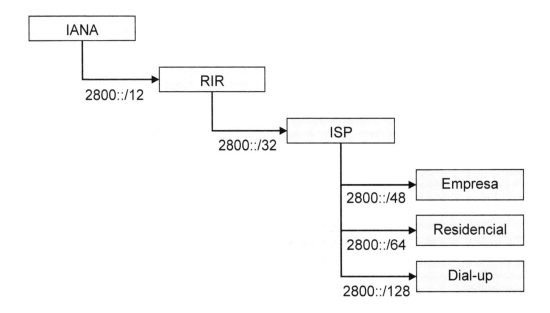

Quienes insisten en contar con direcciones independientes del proveedor asignadas de modo directo, en términos generales, se pueden agrupar en 3 categorías:

• Grandes organizaciones multinacionales con amplia dispersión geográfica.

• Implementaciones clásicas de acceso a Internet multihomed.

- Entornos de alta disponibilidad que requieren soporte de una manera bien conocida.

Política de asignación a organizaciones

Las políticas de asignación de direcciones propuestas por la IETF también alcanzan a los mecanismos de asignación que utilizan los ISPs con sus clientes.

- En principio la longitud de los prefijos asignados por los ISPs a sus usuarios finales es de 48 bits.

- Empresas con requerimientos más modestos pueden obtener bloques /56.

- Es posible asignar prefijos /64, pero solamente cuando hay certeza de que el cliente solamente necesita contar con un segmento de red. El caso típico para este tipo de asignación es el de los usuarios residenciales.

- Se pueden asignar prefijos /128, pero solamente en los casos en los que hay un único dispositivo conectado. Es por ejemplo el caso de servicios dial-up o terminales móviles.

Estos criterios están detallados en el RFC 3177.

De esta manera, siguiendo el modelo primario, una empresa que recibe un prefijo IPv6 /48 puede generar internamente hasta 65536 (2^{16}) segmentos de red o redes internas. De esta forma también se preservan 64 bits para el ID de terminal, de modo de soportar los mecanismos de asignación automática del ID de nodo.

Conectando la red a Internet IPv6

Conexión de un ISP a Internet IPv6

La estructura de Internet IPv6 es la misma que para IPv4, con lo que no se introduce ninguna novedad en lo que hace al relacionamiento de los ISPs entre sí y el modo en que pueden interconectarse.

Una secuencia posible para conectar un ISP a Internet IPv6 es la siguiente:

1. Establecer relacionamiento con otros ISPs (peers).

2. Obtener un bloque de direcciones IPv6 de un RIR.

3. Asignar bloques de direcciones a los clientes.

4. Consolidar las entradas de enrutamiento que tienen como destino a cada cliente en un único prefijo que se publica hacia los ISPs peers.

Conexión de una Empresa a Internet IPv6

Para conectar una red corporativa a Internet IPv6 se puede utilizar la siguiente secuencia:

1. Contactar con un ISP que ofrezca servicios IPv6.

2. Conectar la red corporativa al ISP.

3. Obtener un bloque de direcciones IPv6 del ISP.

4. Diseñar un plan de direccionamiento IPv6 para la red corporativa.

5. Asignar un prefijo /64 a cada segmento de la red corporativa.

> El RFC 3531 propone una metodología flexible para la asignación interna de bloques de direcciones IPv6 a los diferentes segmentos de red.

IPv6 multihoming

Un punto clave en las modernas redes corporativas es el acceso a Internet, en donde es necesario implementar esquemas de alta disponibilidad. Por este motivo es muy importante dedicar una atención aparte a las posibilidades que abre IPv6 a la implementación de alta disponibilidad en el acceso a Internet IPv6.

En este sentido, la implementación de IPv6 multihoming hace referencia a la posibilidad de asegurar el acceso a Internet a través de la redundancia de routers, de enlaces y de IPSs.

Host multihoming

Una primera posibilidad es que cada host tenga asignada una dirección IPv6 global de cada uno de los ISPs a los que se encuentra conectada la red.

De esta forma, cada terminal está simultáneamente en múltiples redes y es cada terminal la que define la red de origen del tráfico que sale hacia Internet y consiguientemente el ISP a través del cual se enruta el tráfico hacia Internet.

Site multihoming

Es el servicio esencial para redes corporativas con requerimiento de alta disponibilidad; a las prestaciones tradicionales de redes IPv4 multihoming se le suma la posibilidad de sumarización de rutas en base a la asignación jerárquica de bloques de direcciones a clientes y service providers, lo que permite contener el crecimiento de las tablas de enrutamiento.

Con el advenimiento de IoE y el uso extendido de aplicaciones basadas en servicios de nube, la cantidad de redes multihomed está creciendo aceleradamente para asegurar tanto la redundancia en el acceso como el balanceo de tráfico. Esto requiere la incorporación de múltiples bloques de direcciones en la tabla de enrutamiento

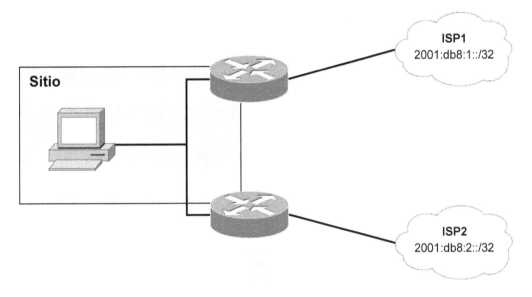

¿Direccionamiento del ISP o independiente del ISP?

En el desarrollo de la Internet actual el uso del direccionamiento global está signado hasta ahora por el despliegue de la red IPv4. En este contexto hay 2 tipos de direccionamiento global posible:

- Direccionamiento provisto por el proveedor de servicio.
  PA – Provider-Allocated
  Se trata de direccionamiento global asignado por un RIR al ISP para su administración y cesión a sus clientes.
  En estos casos los usuarios finales (empresas, hogareños, etc.) no realizan ningún trámite hasta los RIRs, no es necesario que implementen BGP. Su publicación hacia Internet es realizada, generalmente, por el ISP.
  El bloque de direcciones pertenece al ISP por lo que retorna al mismo en el momento en que el cliente interrumpe su relación con él.

El cliente, por su parte, al cambiar de ISP recibirá un nuevo bloque de direcciones globales y deberá reconfigurar sus dispositivos.

- Direccionamiento independiente del proveedor de servicio.
  PI – Provider-Independent
  Direccionamiento gestionado directamente por un usuario final (empresa u otra organización) ante un RIR, y que por lo tanto es completamente independiente del ISP a través del cual la red se conecta a Internet.
  En estos casos, generalmente, es el usuario final el que se ocupa de publicar la red hacia Internet, para lo cual requiere la implementación de BGP.

En términos generales la asignación de direcciones IPv4 estuvo asociada al concepto de portabilidad, lo que significaba que las organizaciones podían gestionar directamente sus bloques de direcciones PI e implementarlas en cualquier punto de la Internet. De esta forma la tabla de enrutamiento global de Internet ha alcanzado volúmenes nunca previstos (unas 615.000 entradas al momento de escribir esto) ya que se vuelve imposible un mecanismo de sumarización de rutas eficiente.

La red IPv6 fue concebida de otra forma, pensando desde el inicio en la forma más eficiente de contener el crecimiento de las tablas de enrutamiento. Para esto se aplica un mecanismo de asignación de bloques a los RIRs y a los ISPs, que inicialmente estuvo acompañado por la imposibilidad por parte de organizaciones que no son proveedores de servicios.

El diseño original de IPv6 es adecuado para reducir sensiblemente el tamaño de las tablas de enrutamiento de Internet, pero complica mucho la implementación de redes corporativas multihoming. En función de esto a partir del año 2009 se abrió la posibilidad de requerir de modo directo bloques IPv6 PI.

De esta manera, la propuesta primaria para redes corporativas es que utilicen espacio de direccionamiento global PA. De esta manera el proveedor puede sumarizar las rutas de todos sus clientes y publicar hacia el backbone de Internet un número significativamente menor de rutas.

Direccionamiento PI en IPv6

Una organización que cuenta con un bloque de direcciones IPv6 directamente asignado por el RIR correspondiente, mantiene su direccionamiento aun cuando cambia de ISP o accede a Internet a través de múltiples ISPs. Este tipo de direccionamiento es la respuesta más simple al enrutamiento de redes multihoming.

En términos generales este tipo de implementación requiere que la organización publique solamente un bloque de direcciones globales hacia el o los ISPs.

Para calificar a recibir un bloque IPv6 PI es necesario que la organización:

- No sea un LIR o ISP.

- Demuestre que se trata de una implementación multihomed

- No sub-asignar todo o parte del bloque IPv6 que se le asigna.

- Abonar un honorario anual.

En estos casos se asigna espacio de direccionamiento del rango 2001:678::/29 asignando bloques IPv6 con una longitud mínima /48.

El inconveniente de estas implementaciones radica que no es posible la sumarización de rutas de la misma forma que cuando se utiliza direccionamiento PA. Consecuentemente se incrementa el tamaño de las tablas de enrutamiento y los requerimientos de recursos para su mantenimiento.

Direccionamiento PA	Direccionamiento PI
Es sumarizable	No es sumarizable
El bloque de direcciones utilizado por el cliente es asignado por el ISP.	El bloque de direcciones utilizado por el cliente es asignado por el RIR.
Si se cambia de ISP es necesario renumerar.	Si se cambia de ISP no se requiere renumeración.
Las tablas de enrutamiento tienden a mantenerse más cortas	Las tablas de enrutamiento tienden a crecer en longitud.

Al momento de escribir este manual (enero 2016) las tablas BGP de los routers de Internet cuentan con algo más de 28000 prefijos, y su ritmo de crecimiento se ha acelerado sensiblemente a partir del año 2009 cuando se abrió la posibilidad de que las organizaciones soliciten directamente a los RIRs bloques de direccionamiento PI.

✎ Para consultar el tamaño actual de las tablas se puede consultar en: http://bgp.potaroo.net/v6/as6447/

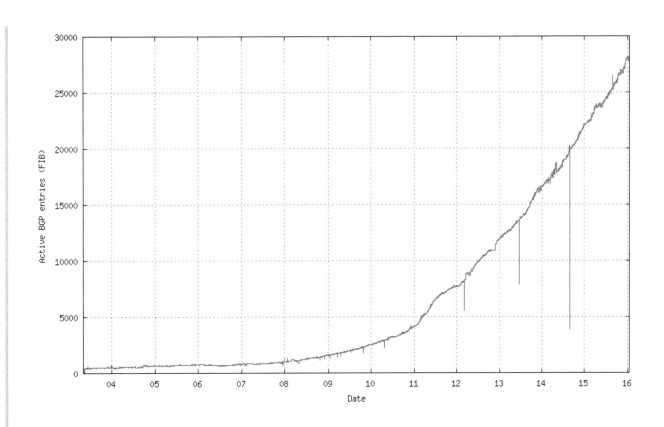

IPv6 multihoming

La implementación de redes multihoming está definida en el RFC3582. Su objeto es asegurar la continuidad de la conectividad a Internet. Para esto debe responder a los siguientes criterios:

- Soportar la posibilidad de fallos físicos, sea en los enlaces o sea en los routers de acceso.

- Prever la posibilidad de fallo en la interfaz de un router.

- Soportar un posible fallo en el protocolo de enrutamiento (BGP).

- Ser capaz de salvar un eventual corte de servicio en el ISP.

- Permitir hacer distribución de carga (load-sharing).

IPv6 incluye features que permiten la implementación de soluciones multihoming:

- Los hosts IPv6 están en capacidad de utilizar múltiples direcciones globales y utilizar un algoritmo de selección de la dirección de origen que utilizarán para cada destino.

- Algunos nodos tienen múltiples interfaces, incluso interfaces virtuales para túneles.

- La implementación básica de IPv6 mutihoming supone que la red recibe un prefijo de cada uno de los ISPs a los que se encuentra conectado y que consecuentemente se utiliza como enlace de salida de la red aquel que conecta al ISP al cual corresponde la dirección de origen que se utiliza.

- Finalmente, también se puede implementar multihoming utilizando direccionamiento PI y gestionando el uso de los enlaces de salida a través de BGP.

Algunos desafíos de la implementación de multihoming

- ¿Cómo se puede definir cuál es el mejor punto de conexión a Internet tanto para el tráfico entrante como saliente?

  o ¿Cuál es el mecanismo para que el host seleccione la dirección de origen que utilizará en cada paquete para enviarlo por la mejor ruta?

  o ¿Cómo un problema con el ISP de upstream afecta el tráfico de downstream? ¿Cómo se hace para que la terminal que inicia una comunicación obtenga la información sobre el estado de los ISPs para elegir el más conveniente?

- ¿Cómo se puede aplicar balanceo de tráfico entre múltiples proveedores, tanto para el tráfico entrante como para el saliente?

- ¿Cómo se pueden recibir paquetes que tienen como destino un bloque IPv6 cuando la conexión que está asociada a ese prefijo está caída?

Algunas soluciones para la implementación de multihoming

Los desafíos de una implementación multihoming pueden tener diferentes respuestas dependiendo de las circunstancias. Por este motivo es sumamente importante, antes de definir una solución, analizar las diferentes opciones disponibles para definir entonces cuál es la mejor respuesta a la situación concreta.

En principio, la solución rápida disponible es utilizar un esquema de conexiones múltiples; es decir, múltiples conexiones a un único ISP. Si bien esto, en general, no es considerado como un verdadero mecanismo de multihoming.

Para lograr un verdadero multihoming se requiere entonces de múltiples conexiones a diferentes ISPs, lo cual es posible utilizando un esquema multi sitio con routers múltiples en el borde de la red. Esto es completamente viable mientras no se aplique filtrado de rutas en el ingreso.

Aunque, siguiendo los esquemas tradicionales que ya se utilizan con IPv4, las soluciones basadas en enrutamiento parecen las más aceptables.

Soluciones basadas en enrutamiento

El RFC 3178 describe un mecanismo básico para soporte de redes IPv6 mutihoming. Este mecanismo puede ser luego combinado con otros recursos que mejoren sus prestaciones.

Solución utilizando direccionamiento PA

En esta solución la red corporativa utiliza bloques de direcciones IPv6 provistas por los ISPs (un bloque de direcciones por cada ISP) a partir de su direccionamiento asignado. Esto permite al ISP la mayor sumarización de rutas posibles.

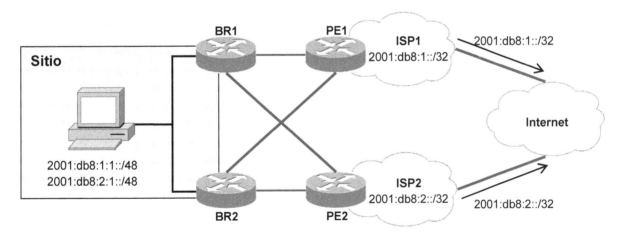

Un esquema primario de esta solución es el siguiente:

• El sitio recibe direccionamiento de cada uno de los ISPs.

• Cada host en la red del sitio recibe direccionamiento del bloque de uno u otro ISP.

• Internamente en el sitio se intercambia enrutamiento para ambos prefijos recibidos de los ISPs de modo que los terminales que reciben uno u otro prefijo pueden comunicarse internamente sin salir a Internet.

- Cada IPS se conecta a la red del sitio utilizando un enlace primario y otro secundario. La definición de cuál es el enlace primario y cuál el segundario se realiza utilizando preferencia local.

- Los routers de borde (BR1 y BR2) publican ambos prefijos hacia los routers de borde de los ISPs (PE1 y PE2).

- La selección de rutas en el borde se gestiona utilizando el atributo BGP preferencia local.

- Cada ISP publica hacia Internet únicamente el prefijo /32 que corresponde al bloque de direcciones propio.

Ventajas de esta implementación:

- No requiere la implementación de protocolos adicionales o modificaciones en la red.

- Es un mecanismo que tolera fallos en los enlaces.

- La falla de un enlace no provoca el corte de las sesiones TCP establecidas.

Desventajas asociadas a esta implementación:

- No es tolerante a fallos en el caso de que un ISP tenga problemas.

- No se implementan criterios claros para el uso de múltiples direcciones en una interfaz o para el balanceo de tráfico entre múltiples ISPs.

Solución utilizando direccionamiento PI

Es diferente cuando la red corporativa utiliza un bloque de direcciones IPv6 gestionado directamente. Para la asignación de estos prefijos IANA ha reservado el bloque 2001:678::/29 y los RIRs asignan de ese bloque prefijos /48. En este caso no se requiere direccionamiento cedido por los ISPs, y la red corporativa deberá publicar hacia los ISPs el bloque que le ha sido asignado.

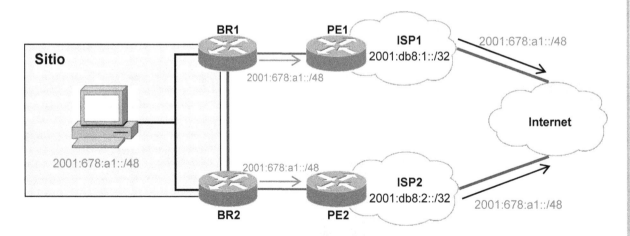

Esta posibilidad está accesible desde el año 2009, cuando IANA abrió la posibilidad de asignar bloques de direcciones IPv6 de modo directo a organizaciones que no son LIRs, y su uso se está extendiendo dada su similitud con las soluciones multihoming de IPv4.

El esquema primario de la solución incluye:

- Los routers de borde de la red corporativa (BR1 y BR2) mantienen sesiones 3BGP con los routers correspondientes de los ISPs (PE1 y PE2) y sesión iBGP entre sí.

- Ambos ISPs anuncian el prefijo PI asignado a la organización hacia Internet.

Criterios para la implementación de IPv6 en empresas

Al momento de definir la implementación de IPv6 en la red corporativa es necesario tener presente que el objetivo de la red corporativa no es la tecnología en sí misma sino el desarrollo de una infraestructura de comunicaciones que sostenga la operación de la organización y permita su desarrollo presente y futuro.

En este sentido la toma de decisiones debe considerar una serie de puntos:

- Es conveniente comenzar por considerar los objetivos de la implementación en términos de resultados y procesos de negocios, y los hitos principales a tener en cuenta.

- Es necesario revisar las políticas corporativas para analizar en qué medida pueden ser afectadas por la adopción de IPv6.

- Como ocurre con la adopción de cualquier tecnología es sumamente importante considerar las habilidades existentes y las que es necesario desarrollar en los equipos que tendrán a su cargo el diseño, implementación y gestión de la red.

- Dado que la mayoría de la implementaciones se realizan sobre redes ya existentes y en operaciones, cualquier proyecto que afecte el core de la red debe ser planeado cuidadosamente para garantizar la continuidad de la operación.

Al considerar los objetivos de la implementación se pueden considerar 3 escenarios posibles:

- El uso experimental de IPv6.
  Se trata generalmente de redes de tamaño acotado cuyo objetivo es evaluar la tecnología y adquirir conocimientos. Lo más habitual es aprovechar con este propósito recursos ya existentes en la organización.

- Preparación para el uso futuro de IPv6.
  En este caso se apunta a que la red corporativa, a futuro, implemente IPv6 lo que incluye el despliegue de las aplicaciones necesarias para el desarrollo de la operación de negocios.
  En estos casos lo frecuente es operar simultáneamente IPv4 e IPv6, para lo que es necesaria una cuidadosa coordinación ya que se trata de la red de operación ordinaria de la organización.

- Desarrollo de redes IPv6 para servicios específicos.
  En algunos casos es posible encontrar sistemas de negocios que operan específicamente sobre IPv6. En estos casos se trata de una red claramente separada de la red IPv4 existente.

El plan de implementación

Al momento de definir un plan de implementación es necesario ser extremadamente cuidadosos a fin de minimizar los tiempos de corte de servicios en la red existente y asegurar en lo posible una transición casi transparente.

Un posible esquema de trabajo es el siguiente:

1. Seleccionar las terminales y aplicaciones que han de operar sobre IPv6. Esto requiere un prolijo análisis de las aplicaciones en uso y a implementar al mismo tiempo que los sistemas operativos en uso.

2. Obtener un bloque de direcciones IPv6.

3. Completar la migración de la infraestructura DNS para soportar IPv6. Este punto es esencial concretarlo de modo temprano a fin de asegurar una operación transparente de las aplicaciones de usuarios.

4. Implementar o habilitar IPv6 en la red existente. Esta tarea, dependiendo de las dimensiones y complejidad de la red, es posible que sea necesario completarla por etapas para asegurar que los servicios requeridos por los usuarios no sufran interrupción.

5. Verificar la implementación de seguridad en la red. Es esencial asegurar la implementación de las políticas de seguridad antes de conectar la red IPv6 a Internet.

6. Conectar la red a Internet. La conexión supone realizar también verificaciones de performance y seguridad.

7. Implementar gestión de la red IPv6. Hay que actualizar la red de gestión y las herramientas desplegadas para monitorear también la red IPv6.

8. Desplegar las terminales y las aplicaciones en modalidad dual-stack.

Opciones de conexión a Internet sobre IPv6

El despliegue de IPv6 a nivel corporativo no está en sí mismo condicionado por la disponibilidad a nivel de los ISPs, aunque sin dudas el despliegue a nivel de los ISPs actúa como un catalizador sumamente importante.

Las opciones de conectividad a Internet sobre IPv6 para una red corporativa son:

- Conectividad IPv6 nativa sobre un enlace dedicado o sobre el mismo enlace físico a través del cual se conecta a Internet IPv4, utilizando el mismo o diferente ISP.

- Implementación de un túnel IPv6 hacia el ISP. Se trata de una solución para situaciones de ISPs que tienen implementado IPv6 en su core pero por problemas particulares no pueden llegar con IPv6 al acceso corporativo. En este caso se puede utilizar el enlace de acceso IPv4 para implementar un túnel IPv6 que asegure conectividad a la organización.

- Implementación de un túnel IPv6 hacia un ISP virtual. En algunos casos hay ISPs que aún no han realizado el despliegue de IPv6. En este caso es necesario obtener acceso a través de otro ISP. Para esto se debe

implementar un túnel sobre IPv4 que atraviese el ISP que nos da acceso IPv4 hasta llegar al provider que nos da acceso IPv6.
La dificultad potencial que encierra este tipo de soluciones es la latencia que puede introducir el túnel hasta el ISP de IPv6, sobre todo si hay múltiples saltos hasta él.

- Utilizar 6to4.
  Es un mecanismo de transición automático que requiere un servicio proxy que actúe como relay hacia la red IPv6.
  Esta solución tiene varias dificultades. Por una parte algunas consideraciones de seguridad, por otra la restricción de utilizar exclusivamente direcciones del bloque 2002::/16 y la dependencia de un servicio público.

El direccionamiento de la red

El direccionamiento de la capa de red marca la estructura lógica que tiene la red corporativa; de allí la importancia y relevancia que tiene un correcto diseño del direccionamiento IPv6.

La primera consideración a realizar en este punto es que la empresa necesita obtener un bloque de direcciones globales de unicast. Este bloque de direcciones IPv6 globales se obtiene, básicamente, a través de dos mecanismos:

- El modelo inicial para la obtención de bloques de direcciones IPv6 es el requerimiento al ISP.
  ¿Por qué es el modelo básico e inicial? Porque permite explotar al máximo las posibilidades de sumarización a nivel de los ISPs, reduciendo al máximo el uso de recursos de hardware para el mantenimiento de las tablas de enrutamiento.

- Por supuesto que también es posible calificar para requerir directamente a un RIR un espacio de direccionamiento PI. En general este es el caso de redes multihomed y reciben en principio un prefijo /48.

En función del tamaño de la organización recibirá un prefijo global /48, /52 o /56.

Algunas consideraciones para el diseño de la red corporativa

En la medida en que la implementación de IPv6 se extiende y ganamos experiencia en la misma, nuevas consideraciones y sugerencias de diseño comienzan a aparecer. Esto es particularmente sensible cuando se trata de direccionamiento global, en el que estamos limitados por la asignación que realiza el ISP o el RIR.

Esta es una recopilación de los criterios básicos que, a mi juicio, es conveniente tener presentes en la actualidad:

- La organización recibirá del ISP o RIR un prefijo IPv6 de 48, 52 0 56 bits de longitud para el direccionamiento global. A partir de allí utilice los siguientes 16, 12 u 8 bits (hasta completar 64) para identificar los segmentos de red locales. Obsérvese que esto nos permite identificar entre 256 y 65536 segmentos locales.
  Por ejemplo: 2001:db8:a1::/48

- Asigne a cada segmento LAN un prefijo unicast global /64. De esta manera quedan 64 bits para el identificador de nodo lo que permite la operación de todos los mecanismos de asignación automática, asegura la correcta operación de

todos los clientes DHCPv6.
Por ejemplo:

Gestión de la red:	2001:db8:a1:0::/64
Telefonía:	2001:db8:a1:1::/64
Red de visitantes:	2001:db8:a1:2::/64

...

- Para los enlaces que componen el backbone y el transporte de la red no es necesario utilizar direcciones globales, se puede descansar en las direcciones de link local que son las que requieren los protocolos de enrutamiento para una correcta operación.

- Si se desea utilizar direcciones globales para los enlaces que componen la infraestructura (backbone, transporte, WAN, etc.), en los enlaces punto a punto se pueden utilizar prefijos /127. Para esto es necesario verificar versiones de sistemas operativos para asegurar que esté soportado su uso.

> El uso de prefijos /127 en enlaces punto a punto ha sido definido en el RFC 6164 de abril de 2011.

- Para facilitar la gestión y permitir el acceso incluso remoto (en este caso hay que extremar las medidas de seguridad en el acceso a la red), utilizar direcciones globales en las interfaces de loopback asignando prefijos /128 e incluyendo estas interfaces en el protocolo de enrutamiento.

Las aplicaciones

Un punto esencial en el despliegue de IPv6 es la migración de las aplicaciones para que operen correctamente sobre la red.

Por consiguiente es importante considerar también los requerimientos de los departamentos de sistemas para la actualización de las aplicaciones necesarias de modo que operen correctamente sobre IPv6. Hasta tanto las aplicaciones estén en condiciones de operar es posible realizar el despliegue de IPv6 en la infraestructura de la red y deshabilitarlo en las interfaces LAN de modo que no llegue hasta las terminales.

Adicionalmente, es prudente montar un entorno de pruebas que permita verificar la operación de las aplicaciones antes de llevarlas a la red de producción. Particularmente es necesario tener en cuenta verificar la preferencia de la aplicación cuando las solicitudes DNS reciben respuesta IPv4 e IPv6.

La infraestructura DNS

La implementación de DNS en la red local es un punto clave para el despliegue de las aplicaciones que operen sobre IPv6. El primer paso es asegurar que el servicio DNS en uso soporte registros AAAA para permitir entonces el almacenamiento de direcciones IPv6 vinculadas a los nombres.

Algunas consideraciones para la implementación:

- No es aconsejable ni necesario migrar toda la infraestructura DNS a que opere exclusivamente con IPv6. Es aconsejable mantener el servicio en IPv4 hasta que se remueva el último nodo IPv4, de manera que coexista con IPv6.

- Para la implementación de los registros DNS hay 2 opciones:

o Utilizar el mismo nombre (FQDN) con registros A (para direcciones IPv4) y AAAA (para direcciones IPv6).
Esta modalidad funciona bien cuando hay conectividad IPv4 e IPv6 con todos los nodos, pero puede generar conflictos cuando hay problemas de conectividad sobre IPv6 entre terminal y servidor ya que el cliente preferirá por defecto operar sobre IPv6.

o Utilizar diferente nombre para asociar a los registros A y AAAA. Por ejemplo los nombres que corresponden a registros AAAA pueden ser www6.ejemplo.com o ipv6.ejemplo.com.
Esta implementación evita el escenario de conflicto que plantea la alternativa. La dificultad en este caso radica en que el nombre para acceder al servicio sobre IPv6 es diferente al nombre para acceder al servicio sobre IPv4, con lo cual no es transparente para el usuario final.

- Cuando se implementa un único servicio con ambos registros, si bien el servicio puede accederse utilizando tanto IPv4 como IPv6 como transporte (y por lo tanto el servidor podría utilizar únicamente IPv4 en su conexión de red), hay que tener presente que los nodos que sólo utilizan IPv6 sólo pueden acceder al servicio sobre IPv6.

Consideraciones de seguridad

La introducción de IPv6 en la red es un evento crítico para la seguridad de la misma ya que existe la posibilidad de generar brechas de seguridad importantes si IPv6 no es asegurado al menos de modo semejante a las políticas desplegadas para asegurar la red IPv4. En consecuencia es imprescindible implementar medidas de seguridad adecuadas antes de habilitar la operación de IPv6.

- Se recomienda implementar las mismas políticas de seguridad en la red IPv6 que aquellas implementadas en la red IPv4.

- Si algún servicio debe estar disponible exclusivamente en una de las dos redes, entonces debe ser bloqueado en la otra.

- Hay algunas consideraciones que son propias de la red IPv6. Por ejemplo, cuando se diseñan ACLs IPv6 se deben tener presentes: paquetes ICMP neighbor Discovery, router advertisements y los asociados al procedimiento PMTUD.

- Es importante monitorear también el tráfico IPv6.

- En muchos casos se aprovecha la implementación de NAT para mantener oculta la red interna desde Internet. En la implementación de IPv6 no hay NAT. Por este motivo, en implementaciones que utilizan direccionamiento global para las comunicaciones end-to-end, es importante implementar firewalls stateful.

- Una alternativa para ocultar la estructura interna de la red es implementar IPv6 Mobility. De esta manera, toda la red interna será visualizada desde Internet como un único segmento plano. Obviamente que este tipo de implementación complica el tráfico de la red y genera otras posibles brechas de seguridad que es necesario analizar.

Impacto de los servicios de red

Más allá de la migración de la red al nuevo protocolo, las aplicaciones son el punto final y la clave de la migración ya que son la herramienta inmediata de los usuarios. En este sentido es clave la migración de las aplicaciones a IPv6 o el desarrollo de nuevas aplicaciones.

En redes ya operativas (sobre IPv4) hay 3 aproximaciones posibles:

- Actualizar las aplicaciones existentes de modo que puedan operar en redes dual-stack de modo que una única aplicación pueda operar en uno u otro entorno.
  Es quizás la mejor opción ya que hay una única aplicación que mantener y sus funcionalidades son independientes de la red de transporte que se implemente.

- Introducir nuevas aplicaciones que operan solamente en entornos IPv6.
  Este tipo de planteos conlleva que se retiren rápidamente los nodos que no soportan IPv6 y las aplicaciones que operaban en la red IPv4.

- Utilizar exclusivamente IPv6. Esto requiere la adaptación de todas las aplicaciones a operar sobre IPv6 y retirar el soporte existente para IPv4.
  Si tenemos en cuenta los ritmos con los que se ha hecho la migración hasta el momento y la necesidad de mantener la operación de las organizaciones, esta es una opción posible en casos muy particulares solamente.

Despliegue de IPv6 de modo similar a IPv4

En este modelo de despliegue toda la red (dispositivos de infraestructura y terminales) deben ser actualizados para soportar IPv6 mientras continúan operando en IPv4. Este tipo de implementación supone mantener tablas de enrutamiento duales, con una cierta sobrecarga en la gestión de la red y requiere se implemente sistemas de gestión y soporte semejantes para ambas redes.

- Es necesario implementar en modalidad dual-stack la totalidad de la infraestructura y los terminales.

- Los diferentes servicios se despliegan sobre IPv6 al mismo tiempo que se mantienen en IPv4.

- Se pueden generar algunas dificultades en la implementación de DNS debido a que en implementaciones dual-stack cuando realizan solicitudes DNS intentan resolver en primer lugar (por defecto) una dirección IPv6.

- Es conveniente que tanto las aplicaciones como la infraestructura de la red reproduzcan exactamente la misma operación tanto para la red IPv6 como para la red IPv4.

- Se sugiere utilizar las mismas políticas en ambas redes sin limitar las nuevas capacidades de IPv6, de modo tal que la existencia sea lo más racional posible.

SMTP

- Dado que SMTP es un protocolo que se basa en el intercambio entre múltiples servidores, implementar un servidor que opera solo en IPv6 resultará en la imposibilidad de intercambiar con servidores que solo operan en IPv4.
  No es conveniente realizar suposiciones respecto de la capacidad de otros dispositivos en operar sobre IPv6.

DNS

- Los servidores DNS locales que necesitan realizar consultas hacia servidores de nivel superior deben operar sobre IPv4 o ser dual-stack.

- Las operaciones que resuelven consultas sobre la red local pueden perfectamente utilizar IPv6 como transporte.

- Es importante mantener al menos un servidor que soporte IPv4 para asegurar respuesta a clientes que no pueden operar con IPv6 como transporte.

Despliegue exclusivo sobre IPv6

Si bien puede parecer atractivo desde la perspectiva técnica la implementación de una red exclusivamente IPv6, la realidad indica que es necesario mantener operativa la red IPv4 a partir de las necesidades operativas de las organizaciones.

Antes de plantear un despliegue exclusivo en IPv6 hay que considerar:

- ¿Todas las aplicaciones operan adecuadamente sobre IPv6?

- ¿Todo el hardware de las terminales (PCs, cámaras, sensores, etc.) soporta IPv6?

- ¿Toda la infraestructura de la red soporta IPv6?

- ¿Los servicios de infraestructura están disponibles en IPv6? Monitoreo de la red, DNS, SAN, etc.

Por otra parte, antes de asumir el riesgo de perder alguna operatividad existente, hay que considerar cuáles son los beneficios reales que implica que la red opere exclusivamente sobre IPv6.

> ✎ En términos generales la recomendación es la implementación de dual-stack con una estrategia de retiro gradual de los servicios y aplicaciones que sólo soportan IPv4.

Mapa de direcciones IPv6

Dirección	Prefijo
Dirección sin especificar	::
Dirección de loopback	::1
Unicast globales (espacio de asignación actual)	2000::/3
Teredo	2001:0000::/32
Bloque para direccionamiento PI	2001:678::/29
Unicast global para documentación	2001:DB8::/32
Túneles 6to4	2002::/16
Reservado para APNIC	2400::/7
Reservado para ARIN	2600::/7
Reservado para LANIC	2800::/7
Reservado para RIP NCC	2a00::/7
Reservado para AFRINIC	2c00::/7
6bone	3FFE::/16
Unicast unique local	FC00::/7
Unicast link local	FE80::/10
Unicast site-local	FEC0::/10
Multicast	FF00::/8
Todos los nodos IPv6	FF02::1
Todos los routers IPv6	FF02::2
Routers OSPF	FF02::5
Routers OSPF DR-BDR	FF02::6
Routers RIPng	FF02::9
Routers EIGRP	FF02::A
Todos los agentes DHCP	FF02::1:2
Multicast solicited-node	FF02::1:FFxx:xxxx
Todos los servidores DHCP	FF05::1:3
Todos los DHCP relays	FF05::1:4
IPv4 mapeadas	::FFFF:0:0/96
Direcciones EUI-64	::xxxx:xxFF:FExx:xxxx
Anycast mobile IPv6 home agents	xxxx:xxxx:xxxx:xxxx:ffff:ffff:ffff:ffe7

Índice

www.ingramcontent.com/pod-product-compliance
Lightning Source LLC
Chambersburg PA
CBHW060545060326
40690CB00017B/3613